Felipe Ramos Braidotti • José Wagner Braidotti Junior

# Fundamentos do Controle Inicial

## Projetando para a Mantenabilidade

*Por que não se entrega o melhor resultado da Manutenção Classe Mundial?*
*Porque não se pratica o Controle Inicial*





EDITORA CIÊNCIA MODERNA

**Editor:** Paulo André P. Marques
**Produção Editorial:** Dilene Sandes Pessanha
**Capa:** Daniel Jara
**Diagramação:** Daniel Jara
**Copidesque:** Equipe Ciência Moderna



**FICHA CATALOGRÁFICA**

***BRAIDOTTI, Felipe Ramos; BRAIDOTTI JUNIOR, José Wagner.***

***Fundamentos do Controle Inicial - Projetando para a Mantenabilidade***

Rio de Janeiro: Editora Ciência Moderna Ltda., 2024.

1. Engenharia. Projetos, construção, manutenção e reparos

I — Título

ISBN: 978-65-5842-387-4 CDD 625.73

**Editora Ciência Moderna Ltda.**
**R. Alice Figueiredo, 46 – Riachuelo**
**Rio de Janeiro, RJ – Brasil CEP: 20.950-150**
**Tel: (21) 2201-6662/ Fax: (21) 2201-6896**
**E-MAIL: LCM@LCM.COM.BR**
**WWW.LCM.COM.BR** **06/24**

# Agradecimentos aos Apoiadores

Agradecemos aos nossos apoiadores, relacionados abaixo, que tornaram possível o lançamento deste livro, e reforçam para a nossa comunidade a importância que dão para as obras literárias, vitais para o desenvolvimento das equipes técnicas e operacionais.

Apoiadores:

a. Aditiva Processos e Sistemas (www.aditiva-sistemas.com.br)
b. ALS Tribology Brasil Análise de Fluídos (www.mundoals.com)
c. Companhia Muller de Bebidas
d. Cocal Energia Indústria e Comércio de Cana
e. Polo Films Indústria e Comércio
f. JTI Processadora de Tabaco do Brasil
g. Companhia Brasileira de Alumínio (CBA)
h. Aremas Reliability, Risk & Economics (www.aremas.com.br)

# Apresentação

O envolvimento de equipes multidisciplinares, principalmente dos representantes da equipe de manutenção, desde o início de um projeto é uma recomendação de longa data nas mais variadas metodologias aplicadas no gerenciamento de projetos. Várias empresas inclusive se esforçam para aplicar estas metodologias. Entretanto, na prática, poucas delas obtêm o resultado desejado. A participação da manutenção desde o início de um projeto não é apenas um mero preciosismo, é na verdade o início do processo de **geração de valor** para a empresa. É neste momento que estamos decidindo o futuro custo operacional de manutenção, a mantenabilidade, a segurança da operação, a conformidade normativa, a disponibilidade, a confiabilidade e uma série de outros aspectos que, no final do dia, vão gerar o tão esperado **valor** para a empresa.

Ao longo de minha carreira, por várias vezes, tive contato com metodologias que trazem a importância do responsável da manutenção participar desde as fases iniciais de um projeto, mas, foi em 2022, no 37º Congresso Brasileiro de Manutenção e Gestão de Ativos em Vitória – ES, que realmente este assunto me sensibilizou. Nesta oportunidade vi a apresentação de um excelente trabalho conduzido por um cliente da **Braidotti Engenharia e Consultoria** – relacionado ao método do **Controle Inicial** (que inclusive é parte deste livro). Ao longo deste congresso, nas minhas entradas e saídas das mais diferentes salas de apresentação, sempre cruzava com um dedicado e entusiasmado defensor desta metodologia em todas as suas mais variadas apresentações e diálogos. Lá estava ele, o **Eng.º José Wagner Braidotti Jr**. Foi assim que conheci um dos grandes profissionais de referência no mercado, conhecedor profundo da manutenção e gestão de ativos. Além de ser uma pessoa extremamente agradável e educada, possui verdadeira paixão pelos temas da manutenção e gestão de ativos, disposto a entregar o máximo e contribuindo como disseminador das melhores práticas.

Considero o **Controle Inicial** uma disciplina fundamental da manutenção e gestão de ativos. Deve ser praticada de forma estratégica nas empresas, gerando valor para o negócio, garantindo confiabilidade, custos controlados e assegurar a integridade dos ativos físicos instalados. Para isso é importante que os responsáveis pelas áreas de manutenção, em parceria com a engenharia, influenciem a implementação deste método incentivando o **trabalho em equipe** durante os processos de instalação, ampliação ou atualização tecnológica das plantas, entregando informações completas para as equipes de operação e manutenção.

O livro **"Fundamentos do Controle Inicial",** apresenta de forma extremamente didática um passo a passo para a implementação do Controle Inicial, assim como uma metodologia para a avaliação de maturidade do sistema baseado nos conceitos mais modernos da manutenção e gestão de ativos. Agradeço ao **Eng.º José Wagner Braidotti Jr**. pela contribuição ímpar do seu trabalho, compartilhando ensinamentos e elevando cada vez mais o nível dos profissionais que se entregam à causa da manutenção.

Rodrigo Rocha Lourenço Sobrinho

Gerente de Manutenção na CBA, com mais de 21 anos de experiência na área de Manutenção e Gestão de Ativos, Formado em Engenharia Mecânica pela Universidade Federal de Uberlândia (UFU), com MBA em Gestão Empresarial pela FGV.

# Lista de Figuras

# Sumário

# 1. Introdução

*"Ter acesso às informações técnicas e estratégicas dos ativos físicos é fundamental para a entrega de valor durante as práticas de manutenção"*
*(Felipe Ramos Braidotti)*

Escrever sobre Controle Inicial gera uma sensação de algo novo, mas é necessário que se entenda que este processo já vem sendo praticado há algumas décadas nos países desenvolvidos, propiciando ótimos resultados técnicos e operacionais, no sentido de gerar os melhores ativos da informação, no momento certo, evitando que se tenha qualquer tipo de dificuldade quando da necessidade da tomada de decisão sobre uma estratégia, uma atividade ou um serviço a ser realizado.

O objetivo deste livro é apresentar as premissas fundamentais para minimizar os impactos causados por novos projetos à Operação e a Manutenção, garantindo a otimização do seu desempenho. O mesmo servirá como ferramenta de gestão para as áreas, delimitando as interfaces entre a Manutenção e a Engenharia de Implantação, servindo como referência para as auditorias de Controle Inicial.

A responsabilidade pelo atendimento aos requisitos estabelecidos neste livro é da Engenharia de Projetos e Obras, e da Engenharia de Manutenção, cabendo a esta última, caso necessário, recorrer às demais áreas da Manutenção (Execução, Planejamento, Programação, Controle e Operação), como suporte necessário pela experiência adquirida em processos similares.

*"A Confiabilidade de um ativo físico é determinada na fase do Projeto"*

*Braidotti - Julho 2023*

# 2. Glossário

**Ativo Financeiro:**

É todo o recurso financeiro disponibilizado pela empresa, tanto na fase das despesas de capital (Capex), como também na fase das despesas operacionais (Opex). Também conhecido como orçamento.

**Ativo Físico:**

É tudo o que compõe o mundo físico dentro da empresa, sejam as instalações civis ou metálicas, os equipamentos, os materiais sobressalentes, as ferramentas, as matérias-primas, os instrumentos de medição, as estruturas administrativas, as tubulações, os sistemas de proteção, etc.

**Ativo Humano:**

Representado pelos colaboradores da empresa, e também pelas pessoas contratadas por outras empresas, denominadas de terceiros.

**Ativo Informacional:**

É representado pelo produto da comunicação entre as pessoas, setores, parceiros, etc. Na maioria das vezes é suportado por um sistema informatizado de gestão. A maior importância é que este tipo de ativo seja compartilhado no melhor padrão de qualidade possível, no tempo correto.

**Ativo Intangível:**

Representado por tudo o que é deixado como resultado de um processo de trabalho. No ambiente da manutenção, pode ser definido como a imagem do setor após um serviço realizado.

**Capex:**
Representa as despesas de capital, que são geradas toda vez que se decide por um novo projeto ou uma reforma que pode ser definida como uma modificação que muda a concepção original do ativo físico. Estas despesas são recursos financeiros e são utilizados na fase de projeto.

**Confiabilidade:**
É representada pela melhor geração de valor de um ativo físico, pelo período em que foi determinado para operar e entregar o resultado operacional programado. É a probabilidade que um ativo físico possui de continuar operando sem que apresente falhas.

**Controle Inicial:**
Metodologia utilizada na implantação de novos projetos ou ativos físicos, com o objetivo de minimizar as perdas decorrentes da mortalidade infantil, bem como maximizar o resultado proporcionado pelos ativos projetados.

**CMMS (*Computerized Maintenance Management System*):**
Nome genérico dado aos sistemas informatizados (*softwares*) de gestão das práticas de manutenção, como por exemplo, Máximo, módulo PM do SAP, Fracttal, Oracle, dentre outros.

**Criticidade Funcional ABC:**
Metodologia definida para a classificação da criticidade funcional ABC dos ativos físicos, que utiliza de 7 (sete) parâmetros específicos, com a finalidade de entregar a importância do cumprimento funcional do ativo físico no local de instalação em que está operando.

**Criticidade XYZ dos Materiais:**
Metodologia definida para a classificação da criticidade dos materiais sobressalentes, segregando dentro do ambiente do almoxarifado, por meio de 9 (nove) parâmetros específicos, a importância do material para que seja qualificado para ser parte integrante do almoxarifado como um item do estoque.

***Datasheet*:**
Ficha técnica dos ativos físicos, onde se apresentam todas as informações construtivas e dimensionais, facilitando para que todos os colaboradores possam conhecer estas características próprias de cada equipamento. Esta ficha facilita muito quando da necessidade da busca por uma solução pela similaridade.

**Engenharia de Manutenção:**
A Engenharia de Manutenção atua na busca do constante desenvolvimento e implementação de soluções para todas as etapas funcionais do fluxo de serviço de manutenção, na avaliação contínua do cumprimento da função Gatekeeper, Planejamento, Programação, Supervisão e Execução das Oficinas Especializadas.

Também atua orbitando entre todas as funcionalidades do fluxo de serviços de manutenção, conhecendo e analisando as atividades realizadas, no sentido de identificar as necessidades de melhorias.

**Engenharia de Projetos e Obras:**
Estrutura responsável pelos estudos de viabilidade, desenvolvimento e detalhamento do novo projeto, tanto quanto pela etapa da instalação e do comissionamento das novas instalações.

**FEL 1 – *Front-End Loading* 1 (Análise de Negócio):**

É a fase de definição do projeto, onde a viabilidade do negócio é analisada e validada. É também onde ocorrem estudos iniciais, tais como a previsão de consumo do mercado, as estimativas dos custos e os estudos de competitividade, necessários para a aprovação do projeto.

**FEL 2 – *Front-End Loading* 2 (Seleção e Desenvolvimento do Escopo):**

É a fase do entendimento das necessidades determinadas no FEL 1, da realização dos estudos das opções do escopo do projeto, do local da implantação e das possíveis tecnologias a serem adotadas. Nesta etapa há o detalhamento dos dados econômicos, aprofundamento das premissas e a continuação do desenvolvimento do projeto.

**FEL 3 – *Front-End Loading* 3 (Planejamento da Execução):**

É a fase da confirmação da viabilidade técnica e financeira do projeto. É nesta fase que são elaborados (i) o orçamento detalhado, (ii) o plano de execução, (iii) a estimativa de custo, a (iv) análise dos riscos, (v) o escopo e (vi) a engenharia detalhada.

**Função Planejamento de Manutenção:**

O cumprimento da Função Planejamento é a provisão do melhor padrão "educacional" dos serviços realizados pelas equipes especialistas de manutenção, através da qualificação técnica da Ordem de Serviço, na contribuição direta para a entrega da Confiabilidade inerente dos ativos físicos definida na fase do Projeto, e da Produtividade das equipes técnicas das oficinas especializadas.

**Governança:**

É uma estrutura direcionadora que compreende os mecanismos de liderança, estratégia e controle, para avaliar, direcionar e monitorar a atuação da gestão, alinhada com a política da manutenção e a prestação de serviços. A governança estabelece as diretrizes de atuação da manutenção para garantir uma conduta transparente, ética e responsável, por parte de todas as pessoas envolvidas, e monitora os resultados, o desempenho e o cumprimento dos planos e das estratégias, alinhadas com as metas estabelecidas.

**Intervalo P-F:**

É o intervalo que determina a fronteira entre a Falha Potencial e a Falha Funcional de um ativo físico. Este intervalo apresenta a grande oportunidade que se tem para tomar ações preventivas planejadas e programadas, evitando a perda de valor no processo operacional.

**ISO-55001:**

Norma internacional referente ao tema "Gestão de Ativos", composta por 10 (dez) capítulos totais, 7 (sete) capítulos normativos, e o total de 27 (vinte e sete) requisitos normativos.

**LCC (*Life Cycle Cost* – Custo do Ciclo de Vida):**

A análise do Custo do Ciclo de Vida é uma metodologia utilizada para determinar o momento que o ativo físico, em operação, irá atingir seu maior valor pois, a partir deste momento o ativo pode não mais entregar o mesmo valor para a empresa.

Desta maneira, é uma ferramenta estratégica para o planejamento financeiro de médio e longo prazos.

**Manutenabilidade:**
O mesmo que manutenibilidade e mantenabilidade. Capacidade de um item ser mantido ou recolocado em condições de executar suas funções requeridas, sob condições de uso especificadas, quando a manutenção é executada sob condições determinadas e mediante procedimentos prescritos.

**Modos de Falhas:**
O Modo de Falha é uma possível origem de uma falha do ativo físico, e pode estar relacionado tanto a componentes quanto a sistemas. É uma das possíveis maneiras pela qual um ativo físico venha a falhar.

**MTBF – *Mean Time Between Failure*:**
É o "Tempo Médio Entre Falhas Funcionais" de um ativo físico. Representa a frequência da ocorrência de uma Falha Funcional para determinado ativo físico em que se está medindo este indicador de desempenho.

**MTTR – *Mean Time to Repair*:**
É o "Tempo Médio para Reparo" de um ativo físico. Representa o tempo médio gasto pelas equipes especialistas da manutenção, para reparar um ativo físico que apresentou uma Falha Funcional na qual se está medindo este indicador de desempenho.

**Opex:**
Representa as despesas operacionais, as quais são geradas toda vez que se decide realizar um serviço de manutenção em um ativo físico. Estas despesas são recursos financeiros utilizados na fase operacional dos ativos físicos.

**Suprimentos:**

Estrutura empresarial responsável pelos processos de aquisição de equipamentos, materiais sobressalentes ou contratação de serviços.

***Stakeholder*:**

Termo utilizado para identificar todos os envolvidos em um projeto, direta e indiretamente. O mapeamento dos stakeholders é fundamental para o sucesso do empreendimento. Para cada stakeholder deverá ser estabelecido um plano de comunicação.

**Tempo de Ressuprimento:**

É o tempo médio que o setor de suprimentos tem como parâmetro para o período da aquisição dos materiais sobressalentes, desde a solicitação pela área usuária, até a chegada do material na empresa. É também conhecido como *lead time*.

**Terotecnologia:**

É o termo utilizado para caracterizar a participação da manutenção na fase do projeto de uma nova instalação ou equipamento. Também conhecida nesta fase como manutenção antecipada.

**WCM:**

É a prática de manutenção na garantia da funcionalidade operacional (confiabilidade), com o mínimo impacto no fluxo do processo produtivo (disponibilidade), que apresenta o impacto no *uptime* da manutenção exclusivamente através de ações preventivas planejadas, sistemáticas ou pela condição, através dos ativos físicos monitorados.

# 3. A Importância do Controle Inicial

*"A qualidade da informação documentada é vital para que se possa seguir por um caminho seguro e assertivo" (José Wagner Braidotti Junior)*

A prática do Controle Inicial é necessária no sentido de atender a diversos objetivos estratégicos do negócio em uma empresa, tais como: confiabilidade, disponibilidade operacional, segurança do processo, custos controlados, produtividade, segurança pessoal, etc.

Como parte da Gestão de Ativos, apesar de não estar recomendado como um requisito normativo na norma ISO-55001, as práticas determinadas por esta metodologia, também conhecida como "*Early Maintenance*", não deixam de ser estratégicas no sentido de prover as melhores condições técnicas e operacionais, quanto aos ativos físicos instalados, em função da efetiva entrega de todas as informações necessárias para que as equipes da Operação e Manutenção possam realizar as suas atividades, alinhadas com as metas predeterminadas, de uma maneira segura e assertiva.

O Controle Inicial preconiza a necessidade da plena integração entre os principais setores da empresa no momento em que ocorre um processo de ampliação, modernização ou atualização tecnológica, na qual várias informações são compartilhadas entre os diversos setores da empresa, visando garantir as melhores definições, aquisições, instalações e o comissionamento de um novo projeto.

Geralmente, no exato momento da entrega de uma nova instalação, também conhecida como a fase da "passagem do bastão" (da fase do Capex, para a fase do Opex), que várias informações vitais e necessárias não são compartilhadas entre todos os setores participantes do projeto.

É, portanto, nesta oportunidade que entra a contributiva e necessária prática do **Controle Inicial**, organizando todas as informações geradas externamente (proveniente dos fabricantes) e internamente (proveniente das necessidades produtivas), no sentido de utilizar tais informações para garantir as melhores condições operacionais e as práticas de manutenção adequadas nos ativos físicos instalados.

O Controle Inicial é decisivo na entrega do melhor "Custo do Ciclo de Vida (LCC)" dos ativos físicos instalados, garantindo a maior longevidade no contexto da Geração de Valor para a empresa.

Portanto, conforme pode ser verificado na Figura 1, e considerando todas as 7 etapas que compõem o Ciclo de Vida do Ativo Físico, a adoção do Controle Inicial, compreende todas as etapas do Capex, garantindo a melhor qualidade das informações técnicas e operacionais, visando a partida da nova instalação no melhor padrão para a fase do Opex.

| | ETAPA | FASE |
|---|---|---|
| 1 | CONCEPÇÃO | IMAGINAÇÃO |
| 2 | DESENVOLVIMENTO | CRIAÇÃO |
| 3 | DETALHAMENTO | DECISÃO |
| 4 | COMPRA | AQUISIÇÃO |
| 5 | INSTALAÇÃO / COMISSIONAMENTO | PRECISÃO |
| 6 | OPERAÇÃO / MANUTENÇÃO | UTILIZAÇÃO |
| 7 | RENOVAÇÃO / DESCARTE | RECUPERAÇÃO / SUBSTITUIÇÃO |

CAPEX ⇧ ⇩ OPEX

**Figura 1** - As 7 Etapas do Ciclo de Vida do Ativo Físico

## 3.1. Terotecnologia: A participação estratégica da Manutenção na fase do projeto

*"Quando existe o compartilhamento da experiência, na integração das equipes especialistas, a melhoria dos processos se torna ilimitada" (Felipe Ramos Braidotti)*

A Terotecnologia, desenvolvida na década de 70 no Reino Unido, é uma ciência integrada que determina a oportunidade da participação de um especialista técnico de manutenção, desde a concepção do projeto de um novo ativo físico, até sua instalação, comissionamento, testes e liberação para a partida.

A Terotecnologia é uma disciplina que se preocupa, principalmente com a mantenabilidade e a confiabilidade dos ativos físicos.

Os conceitos básicos da Terotecnologia são os seguintes:

- Os especialistas das áreas de Operação e Manutenção devem fazer parte da equipe de concepção e projeto, desde as fases iniciais (plano diretor, projeto de engenharia básico, anteprojeto, projeto de engenharia detalhado) e durante a instalação, comissionamento e os testes antes da partida.

- Os pareceres técnicos da equipe de manutenção deverão estar sempre presentes em toda a fase de concepção, escolha dos ativos físicos e escolha das soluções das instalações.

- A equipe técnica da manutenção, que ficará responsável pela nova instalação, deve acompanhar todas as fases do novo projeto incluindo a instalação, com o principal objetivo de conhecer nos detalhes todas as características técnicas dos ativos físicos e das instalações desde o início.

- A manutenção deve estar previamente preparada, bem informada, organizada e estruturada no dia da partida da nova instalação.

Um dos fatores principais, com o objetivo de evitar a ocorrência de falhas funcionais e melhorar o desempenho dos equipamentos em sua fase produtiva, é o total envolvimento da operação e principalmente da manutenção, na fase de desenvolvimento e projeto de um novo equipamento ou de uma nova instalação.

Este envolvimento da manutenção na fase de projeto é fundamental, pois, com as experiências adquiridas no dia a dia, muitas informações valiosas podem ser integradas ao projeto, contribuindo para que o resultado possa ser cada vez melhor. Em muitos casos a manutenção encontra sérias dificuldades em realizar desde uma simples inspeção de rotina até uma parada preventiva sistemática mais completa, pelo fato de que os elementos, alvos das intervenções de manutenção, muitas vezes encontram-se em posições inadequadas, desfavoráveis e sem as mínimas condições de propiciar a realização de um serviço rápido, organizado e seguro e na qualidade exigida pelas boas práticas de manutenção.

Com este envolvimento da manutenção é possível prever uma grande contribuição durante o ciclo de vida do equipamento. Contribuição esta que pode ser traduzida em números, reduzindo, entre outros fatores, os custos da manutenção. E como é de conhecimento do leitor, a redução dos custos da manutenção pode contribuir expressivamente com os custos operacionais, ou seja, o valor agregado ao produto final da empresa aumenta.

O que se tem presenciado no dia a dia, que desfavorece o cenário desejado, é uma área de manutenção composta por equipes próprias e/ou terceirizadas, trabalhando sobrecarregadas cotidianamente, normalmente atuando no efeito dos problemas existentes (e não na causa raiz), gerando um grande número de retrabalhos sem nenhuma condição de estarem participando, estrategicamente com esta contribuição tão valiosa, nas reuniões dos novos projetos. Do outro lado, se encontra uma área de engenharia de projetos, focada apenas no desenvolvimento de um novo projeto, levando muito pouco em consideração a grande contribuição de uma área de manutenção, seja ela mecânica, elétrica, instrumentação, hidráulica, pneumática ou civil, no resultado direto de um novo projeto.

Tem sido observado também uma situação em que engenheiros e projetistas são pressionados a desenvolver projetos cada vez melhores, em um tempo cada vez mais rápido, a um custo cada vez melhor e, nesta pressão de atingir os resultados estabelecidos, acabam esquecendo que este novo projeto, quando os ativos físicos já estiverem instalados e operando, deve ser mantido por uma equipe que normalmente não esteve participando ativamente durante todas as fases de um novo projeto.

O simples fato da existência desses cenários pode gerar um certo distanciamento entre as equipes, fazendo com que futuras surpresas indesejadas sejam frequentemente utilizadas como desculpa para o fato de os ativos físicos não atingirem o nível produtivo esperado, conforme desenhado na fase inicial do projeto.

Isto ocorre também em função da maneira que se enxergam e se aplicam os recursos disponibilizados pela empresa no quesito das despesas de capital (Capex), quando utilizadas na fase de projeto, representando um cenário do ciclo de vida específico para este propósito, e no quesito das despesas operacionais (Opex), quando utilizadas durante todo o ciclo de vida operacional, logo após a fase de instalação e comissionamento, procurando gerar o melhor valor para a empresa mesmo com muita informação oculta, e com pouco grau de conhecimento sobre os ativos físicos instalados.

Portanto, é necessário que, de uma forma prática, organizada e inteligente, exista a integração dos profissionais da área de manutenção no time de projeto para que possamos ganhar dos 2 lados: (i) Tanto no desenvolvimento de um projeto cada vez melhor, com sistemas e ativos cada vez mais produtivos e confiáveis, (ii) como também facilitando a vida do time responsável em manter estes mesmos ativos operando, durante todo o ciclo de vida dos ativos.

Esta ciência também utiliza a "Curva do Desempenho da Vida Produtiva de um Ativo Físico" (também conhecida como a "Curva da Banheira"), no sentido de indicar as taxas de falhas dos ativos físicos, com base no histórico já conhecido de ativos físicos similares, nas diversas fases do tempo de utilização na fase produtiva, conforme pode ser verificado na Figura 2:

**Figura 2** - Curva da Banheira

Conforme pode ser verificado, a taxa de falha de um ativo físico varia ao longo do período de sua utilização pois, durante as primeiras semanas de operação de um ativo físico novo, a probabilidade da ocorrência de uma falha funcional é grande (50 a 70%) em função dos componentes eletromecânicos ainda estarem se ajustando em um novo padrão de funcionamento, logo após terem passado por um período de instalação e comissionamento. Nesta fase, apesar de apresentar uma taxa de falha alta, com o passar do tempo, a tendência é que a taxa tenha um comportamento decrescente.

Após passadas algumas semanas de utilização, o ativo físico entra na fase plena de operação, e neste período passa a apresentar um padrão de taxa de falha constante, com uma realidade de taxas de falhas aleatórias, a probabilidade da ocorrência de uma falha funcional é pequena (20 a 30%) em função dos componentes eletromecânicos já terem se ajustado a um padrão de funcionamento, representando a vida útil produtiva do ativo físico.

Com vários anos de utilização, o ativo físico entra em uma fase de obsolescência natural, quando não consegue mais manter o mesmo nível de taxa de falha constante da etapa anterior. Nesta fase a probabilidade da ocorrência de uma falha funcional é pequena (10 a 30%) pois, com o acompanhamento contínuo e, em função dos componentes eletromecânicos críticos apresentarem um padrão de funcionamento já em uma fase de envelhecimento natural, todos os cuidados são tomados, proativamente, para que através do cumprimento da função planejamento e programação de manutenção, possa propiciar a substituição destes componentes críticos no melhor momento para a empresa.

A metodologia da análise do custo do ciclo de vida, conhecida internacionalmente como "LCC" (*Life Cycle Cost*), é a parte estratégica financeira da Terotecnologia.

As principiais vantagens da aplicação da Terotecnologia são:

a. Propicia o gerenciamento, a governança, a engenharia de projetos e a engenharia financeira, no sentido de otimizar a aquisição, a instalação, o comissionamento, a operação e a manutenção dos ativos físicos.

b. Abrange todos os aspectos do ciclo de vida de um ativo físico, desde a fase da concepção, desenvolvimento, detalhamento, aquisição, instalação, comissionamento, operação, manutenção e o descarte.

Concluindo, a Terotecnologia é uma ciência que comprova a importância da participação da manutenção em todas as fases de um novo projeto.

## 3.2. O impacto do CAPEX no OPEX pelas práticas do Controle Inicial

*"A geração de valor pelo ativo financeiro é reflexo do nível de comprometimento ao qual o negócio foi submetido"* (Felipe Ramos Braidotti)

Com a correta aplicação de todas as fases do fluxo do Controle Inicial, com as devidas aprovações intermediárias, viabilizando a condução da próxima fase, é possível garantir as entregas técnicas, além dos ativos físicos como parte vital e integrante do projeto, os ativos informacionais tão necessários e importantes para que os ativos físicos possam ser operados com toda a segurança, e que possam ser mantidos no melhor padrão da Manutenção Classe Mundial (WCM).

A entrega efetiva dos ativos informacionais depende fundamentalmente, das decisões tomadas nas fases que precedem o momento da instalação e do comissionamento dos ativos físicos, e devem representar a melhor realidade na qual foi inserida e determinada durante a etapa do projeto, considerando que deve haver uma visibilidade estratégica para garantir que todas as informações, as quais, possam vir a ser necessárias durante o momento da Operação e Manutenção (O&M), sejam criadas, organizadas, padronizadas e disponibilizadas de uma maneira responsável, com a melhor qualidade possível, no melhor tempo de apresentação.

Lembrando que o fluxo do Controle Inicial também impacta decisivamente no ativo financeiro da empresa, pois está envolvido de um lado nas questões e investimentos vinculados às despesas de capital (Capex) (onde se determinam os limites e desafios para toda a equipe da engenharia de projetos), e do outro lado, nas despesas operacionais (Opex), representadas pelas demandas geradas periodicamente pela Operação e Manutenção.

Se entende que uma aparente economia gerada na fase do Capex, sem um estudo mais profundo e responsável sobre o seu impacto na sequência da aplicação dos ativos físicos já na fase produtiva, pode ser devastadora e irreversível quando relacionado com a melhor entrega de valor para a empresa, segundo os padrões de atendimento às metas determinadas para a Produção.

Exemplificando o contexto acima, pode citar o grande impacto gerado pela simples falta de informação técnica de um material sobressalente instalado em uma posição estratégica, que pode gerar além de um grande tempo dos ativos físicos parados (não produzindo), gerando transtornos no fluxo produtivo, maior pressão sobre as equipes operacionais e de manutenção, maior pressão sobre o setor de suprimentos e um maior risco de acidentes durante a execução das atividades de manutenção, além de onerar de uma maneira totalmente desnecessária o valor de aquisição deste material. A situação citada tende a aumentar consequentemente os custos de manutenção, vindo a comprometer diretamente o valor gerado pelas práticas atuais.

Outra forma de se evidenciar o impacto que a disciplina necessária na fase do Capex gera sobre as despesas operacionais, incluindo os custos totais de manutenção, pode ser mais bem compreendido quando se analisa o fluxo mensal do orçamento utilizado pela manutenção durante um período anual (12 meses), e se evidencia que faltando ainda entre 3 a 4 meses para o término do ano fiscal, os recursos financeiros disponibilizados para a manutenção já se encontram no fim.

A constante pressão gerada pela empresa sobre a otimização da utilização dos recursos financeiros, tanto na fase das despesas de capital (Capex), como na fase das despesas operacionais (Opex) é uma realidade compreendida, mas deve ser realizada de uma maneira responsável no sentido de evitar que, em prol do atendimento a uma meta financeira, se possa comprometer todo o custo do ciclo de vida de uma instalação.

Portanto, a importância do ativo informacional gerado em todas as fases do projeto, o qual deve ser padronizado e disponibilizado durante a etapa de instalação e comissionamento das novas instalações (também conhecida como etapa de precisão), que representa a correta aplicação do que se defende neste importante conteúdo (a prática do Controle Inicial), é vital para que todos os setores da empresa, principalmente representados pela Operação, Manutenção, Almoxarifado, Suprimentos, Engenharia de Manutenção e Financeiro, possam receber as informações que virão a compor a melhor estratégia definida, e que deverá ser seguida por todo o tempo que a nova instalação for uma realidade para a empresa.

A prática do Controle Inicial é uma grande oportunidade na "qualificação" das empresas fabricantes de equipamentos e das instalações, no sentido do entendimento pleno (e sem ambiguidades) do que deve ser entregue juntamente com os ativos físicos, quando ocorrer a etapa da instalação e comissionamento das instalações.

Este ponto é importante, pois a prática atual visa o foco de quase 100% somente na entrega dos ativos físicos testados e operando, sem uma maior preocupação aos ativos informacionais, fundamentais para que os ativos físicos possam ser operados e mantidos na melhor qualidade e confiabilidade possível.

A prática do Controle Inicial é uma grande oportunidade na "qualificação" também do setor de Suprimentos das empresas onde, sem o conhecimento e percepção do impacto dos ativos informacionais durante toda a vida útil dos ativos físicos, e no impacto do custo do ciclo de vida representando os ativos financeiros, não incorporam nos processos de aquisição toda a documentação necessária para a correta entrega do projeto.

A prática do Controle Inicial é uma grande oportunidade na "qualificação" das equipes de Engenharia de Projetos, no sentido de entender que, além das fronteiras da fase das despesas de capital (Capex) e no pleno entendimento da importância do que foi determinado na Etapa do Projeto (por exemplo, o padrão da Confiabilidade dos ativos físicos), as ações tomadas precocemente possuem grande impacto e se estendem para a fase das despesas operacionais (Opex). Se todas as informações técnicas e operacionais não forem compartilhadas na quantidade, qualidade e no tempo correto, uma grande dificuldade pode se desencadear, dificultando a atuação clara e objetiva das equipes operacionais e de manutenção ao longo do período de utilização dos ativos físicos.

A prática do Controle Inicial é uma grande oportunidade na "qualificação" também do setor Financeiro da empresa, no sentido da viabilização e liberação dos investimentos necessários para que todas as informações, que irão compor o contexto do Controle Inicial, sejam entregues pelos fabricantes dos equipamentos e instalações, sem que nenhuma documentação seja omitida ou fique fora da lista dos entregáveis do projeto.

A prática do Controle Inicial é uma grande oportunidade na "qualificação" também dos colaboradores da empresa, tanto da Operação quanto da Manutenção, em função do acesso a todas as informações que compõem as novas instalações e ativos físicos, pois com o acesso as informações técnicas e operacionais no momento correto irá tornar os resultados projetados das entregas operacionais mais previsíveis.

Além dos benefícios já citados, o Controle Inicia; também irá reforçar a necessidade da participação efetiva dos colaboradores da Manutenção em todas as fases que compõem um projeto, com a contribuição direta das experiências acumuladas nas instalações da empresa, e com os históricos registrados no sistema de gestão, fortalecendo as decisões tomadas durante o avanço do projeto.

Isto irá garantir a melhor geração de valor para a empresa, através da aplicação, operação e manutenção dos ativos físicos.

Portanto, fica evidente a importância do correto tratamento dos ativos financeiros disponibilizados pela empresa na fase das despesas de capital (Capex), que irão garantir a melhor gestão inicial dos ativos físicos, sendo sucedida por estratégias durante a continuidade do ciclo de vida no cumprimento funcional na instalação, na longevidade durante a utilização destes ativos, e na melhor contribuição na geração de valor nos resultados para a empresa.

## 3.3. O impacto do CAPEX no Planejamento de Manutenção

*"Conhecer os resultados é vital para a confirmação das melhores práticas do Controle Inicial para a garantia do cumprimento da Função Planejamento"*

*(José Wagner Braidotti Junior)*

Considerando as práticas do Planejamento de Manutenção como uma das principais estratégias para a melhor geração de valor nos resultados da empresa, se deve garantir para este importante cumprimento funcional:

a. O cadastro atualizado das instalações no sistema informatizado de gestão.
b. A árvore lógica dos ativos físicos completa ao nível dos materiais sobressalentes.
c. A criticidade funcional ABC dos ativos físicos definida.
d. As estratégias definidas para a manutenção atualizadas.
e. Os modos de falhas definidos.
f. Os planos de manutenção centrados na confiabilidade elaborados.
g. As listas técnicas dos materiais sobressalentes definidas.
h. A criticidade XYZ dos materiais sobressalentes.

i. O cadastro dos planos de manutenção no sistema informatizado de gestão.
j. Os termos de garantia do fabricante dos ativos físicos divulgados.
k. A confiabilidade dos ativos físicos definida na fase do projeto.
l. Os padrões a serem utilizados para:
   - Os tipos de ordens de serviço de manutenção.
   - Os tipos de solicitações de serviços/notificações.
   - As prioridades dos serviços de manutenção.
   - Os efeitos das ocorrências nos ativos físicos.
   - As causas raízes das ocorrências não planejadas.
   - As ações realizadas nos ativos físicos.

Todos os pontos mencionados anteriormente possuem uma origem conhecida, pois durante a fase de projeto, todas as decisões técnicas e estratégicas gradativamente formam um conteúdo de informações que se torna o melhor ativo informacional de sustentação do projeto. Essas informações, quando envolvidas na fase de precisão, denominada como instalação e comissionamento, tomam o formato apropriado para serem devidamente compartilhadas, completando a missão da fase Capex do projeto de uma nova instalação. E, para que este conteúdo possa ser gerado segundo os padrões estabelecidos pela Gestão de Ativos em quantidade, qualidade e confiabilidade, é necessário que a equipe de Engenharia de Projetos esteja bem alinhada com este compromisso, na qual deve nascer desde a primeira fase do projeto.

Após a etapa de precisão de um novo projeto, considerando a instalação eletromecânica, por exemplo, e o posterior comissionamento representando a fase conhecida como "posta em marcha", a nova instalação inicia a operação e, a partir deste momento, será suportada pelas estratégias operacionais e de manutenção.

Para que a nova instalação venha entregar o seu melhor valor para o processo operacional em que está integrada, é necessário que todas as informações apresentadas acima estejam de posse da equipe operacional, e principalmente, da equipe de engenharia de manutenção.

Pois, a partir do momento da entrega efetiva da nova instalação para a fase Opex, já determinada pelo início do processo produtivo, tanto a operação quanto a manutenção possuem grandes responsabilidades de manter a instalação operando, dentro dos padrões da produtividade determinada como meta.

A equipe do Planejamento da Manutenção deve utilizar todas as informações e padrões fornecidos na etapa do Controle Inicial, no sentido de criar as ordens de serviço mais completas possíveis, no sentido de oferecer aos técnicos especialistas das oficinas de manutenção, a melhor qualidade dos planos de trabalho, facilitando o cumprimento dos serviços planejados e programados pelos mantenedores.

Como exemplo do não cumprimento correto do processo de Controle Inicial, o seguinte cenário pode ser observado: Ainda existem diversas empresas que, quando da presença de uma demanda real de serviço de manutenção em um ativo físico, na qual será necessário a substituição de um material sobressalente, pelo fato de não terem recebido todas as informações necessárias na fase do Capex, suas equipes de manutenção têm que solicitar a parada da instalação, literalmente abrir o equipamento danificado, verificar qual é o material sobressalente correto para a troca, e solicitar a aquisição deste material em caráter de emergência para o setor de suprimentos.

Portanto, para que o cumprimento da Função Planejamento da Manutenção seja realizado corretamente, agregando valor em todas as atividades que fazem parte do fluxo de serviços da manutenção, é necessário que o cumprimento da etapa do Controle Inicial seja realizado de uma maneira efetiva e integral, entregando todas as informações técnicas desenvolvidas e determinadas para viabilizar uma nova instalação.

## 3.4. Custo do Ciclo de Vida – LCC

Com o mercado global cada vez mais competitivo, as empresas devem buscar continuamente a economia dos custos envolvidos em seus processos produtivos, aumentando o potencial de lucratividade de suas operações. A utilização da metodologia do LCC torna possível atingir essa condição, enquanto auxilia na definição do melhor momento para aplicação estratégica de recursos disponíveis nos projetos.

A metodologia do LCC busca o pleno entendimento sobre como a depreciação dos ativos físicos, os valores vinculados aos impostos sob responsabilidade da empresa, e os custos de capital (Capex) e operacionais (Opex) projetados irão afetar os resultados financeiros. Para isso, utiliza conceitos da matemática financeira, tais como:

(i) o valor presente líquido (VPN);
(ii) a taxa mínima de atratividade (TMA);
(iii) os custos operacionais (operadores dos ativos físicos e informacionais);
(iv) os custos com energia (qualquer modal disponível);
(v) os custos de manutenção (pessoal, material e serviços);
(vi) os custos da aquisição, instalação e comissionamento (na fase Capex);
(vii) os custos do descarte (na fase da desmobilização do ativo físico).

O principal objetivo de um estudo com a utilização da metodologia do LCC, é a obtenção da Vida Útil Remanescente (*Remaining Useful Life* – RUL) do ativo físico por meio do cálculo do Custo Anual Equivalente (CAE) ao longo dos anos, o qual começa a ser calculado desde o ano de aquisição do ativo até o horizonte desejado de estudo para o projeto. O ano que apresentar o menor CAE no período avaliado é conhecido como o ano de referência em que o ativo físico em questão apresenta seu maior valor de contribuição para o resultado da empresa. Desta maneira se entende que, a partir deste ano, o valor de contribuição começa a cair, e mesmo gerando produtos e resultados positivos para a empresa, não consegue mais atingir a mesma entrega de valor portanto, torna este ativo físico em estudo não mais interessante para a empresa.

Sabendo disso, a Vida Útil Remanescente (RUL) é calculada observando a diferença de anos entre o ano com o menor Custo Anual Equivalente (CAE) e o ano vigente, sendo que, se o resultado for positivo (ano com menor CAE vier depois do ano vigente), ainda há a possibilidade de tomar a melhor decisão financeira em relação ao projeto, na tentativa de otimizar sua geração de valor. Caso o resultado da Vida Útil Remanescente (RUL) seja negativo, significa que o ativo físico já passou pelo seu ano de melhor entrega de valor, e a partir deste momento começa a gerar cada vez menos valor.

Com o principal objetivo de facilitar a aplicação do LCC, foi desenvolvido um programa específico para este fim, o "**POAF**" (**Programa de Gestão da Obsolescência dos Ativos Físicos**), cuja tela inicial é apresentada na Figura 3.

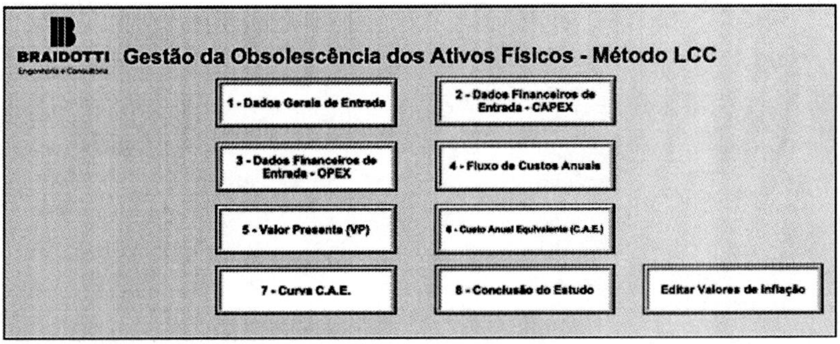


**Figura 3** - POAF (Programa de Gestão da Obsolescência dos Ativos Físicos)

Ao inserir as informações necessárias ao estudo, o POAF realiza o cálculo do CAE anualizado, gera automaticamente a curva do CAE, juntamente combinadas com as curvas do Capex e do Opex da instalação, e produz um relatório final de análise da Vida Útil Remanescente (RUL) para o ativo físico avaliado.

A Figura 4 apresenta as curvas supracitadas geradas pelo programa, em um cenário onde a RUL foi negativa, ou seja, o ano de menor CAE (2020) ficou no passado quando comparado ao ano vigente (2024). Nesse caso, a oportunidade para o melhor investimento no ativo físico ficou no passado.

Por outro lado, a Figura 5 apresenta as curvas geradas pelo programa, porém em um cenário onde a RUL foi positiva. Nesse caso, o ano de menor CAE (2032) está no futuro quando comparado ao ano vigente (2024). Portanto, a oportunidade para o melhor investimento no ativo físico ainda está sob a visibilidade da empresa, mais precisamente 8 (oito) anos à frente.

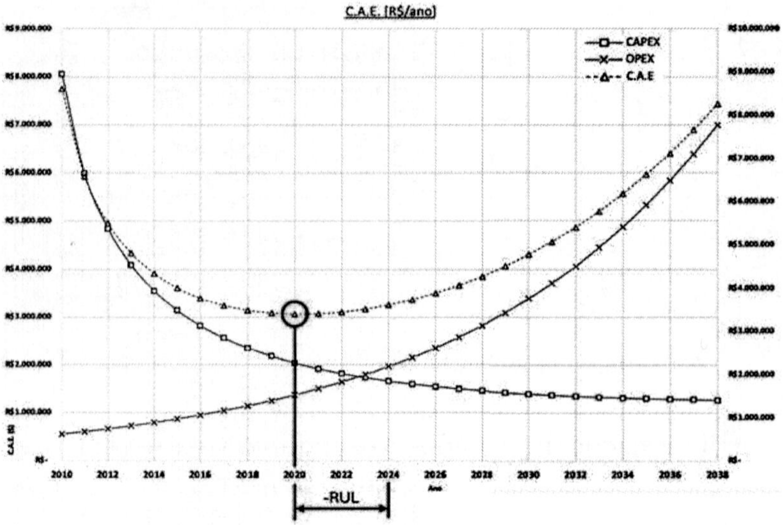


**Figura 4** - Resultado de estudo de LCC com RUL negativo

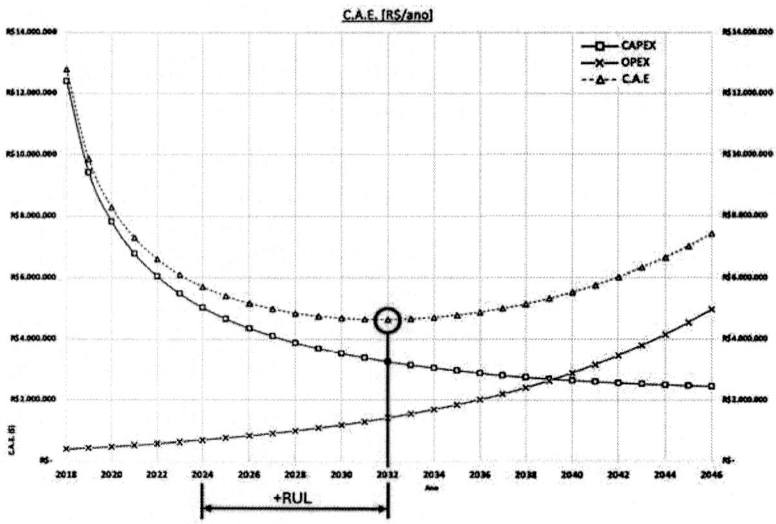


**Figura 5** - Resultado de estudo de LCC com RUL positivo

# 4. Estrutura e Governança para o Controle Inicial

*"A correta definição e a disponibilização da informação dos recursos necessários para os serviços e manutenção, é a melhor contribuição financeira (custos), e não financeiras (confiabilidade e segurança)"*

*(José Wagner Braidotti Junior)*

Para todas as atividades nas quais há pessoas e processos envolvidos, torna-se necessário a adoção de controles.

Para que se tenha o controle dos processos, se faz necessária a utilização de indicadores capazes de fornecer informações confiáveis, realistas e consistentes, pois desta maneira pode-se tomar ações ágeis e corretamente direcionadas com a gestão eficaz das práticas de manutenção, o que contribui para a melhoria contínua dos processos de trabalho.

A capacidade de identificar e aplicar os controles, com o objetivo de se obter os indicadores adequados, é cada vez mais simples e econômica devido à evolução da tecnologia. Em contrapartida, esta tecnologia que facilita muito a implantação de controles, exige das empresas ações mais ágeis tanto na interpretação como na análise dos resultados.

Portanto, o principal pré-requisito desta prática é a definição de uma fonte de informação acessível, rápida e confiável, que possa ser incorporada a modelos e algoritmos que auxiliem cada vez mais a gestão a tomar decisões melhores.

Desta maneira, na gestão de qualquer atividade desenvolvida, é vital a presença de indicadores de desempenho que possibilitem uma comparação com metas e padrões.

Apesar de tudo o que foi exposto acima, qual é o motivo dos indicadores de desempenho serem tão maltratados atualmente?

Vários indicadores que não servem para nada são constantemente gerados, não são consultados nem acompanhados, não são aderentes às práticas dos colaboradores das oficinas de manutenção, e muitas vezes nem demonstram corretamente os resultados dos serviços realizados nos ativos.

Gráficos com informações pontuais são criados, sem a preocupação de uma meta ser informada como objetivo principal, ou uma curva de tendência ou até uma média móvel, que possam representar de uma maneira mais confiável, a evolução dos esforços da manutenção ao longo de um período maior do que apenas 1 mês.

Atualmente as organizações estão diante de uma realidade na qual, as oportunidades são identificadas e as necessidades de melhorias são levantadas em todos os níveis hierárquicos.

Neste contexto, os resultados a serem obtidos pelas equipes técnicas de manutenção, se iniciam nas decisões gerenciais, que determinam as metas a serem atingidas, os caminhos possíveis de serem trilhados, e a defesa da base orçamentária para que as ações possam ser realizadas dentro do contexto admitido e alinhado com os resultados esperados.

Por conta disso, encontramos no comando da manutenção um grande desafio de entendimento e alinhamento das premissas e necessidades da empresa, com o que é possível realizar tendo como base os serviços das oficinas de campo.

É possível verificar na prática que as empresas que apresentam melhores resultados, e muitas vezes são consideradas como empresas de referência no mercado, apresentam na sua gestão boas práticas de governança e integram todos os colaboradores da sua equipe no mesmo contexto e objetivo no atingimento de resultados comuns, e compartilhados por todos, não somente um resultado individual, por departamento.

Se espera que o conteúdo deste livro possa contribuir com a melhoria dos processos de gestão das práticas de manutenção, para que os resultados possam ser obtidos, com a melhor aplicação dos recursos disponíveis (que são limitados), respeitando as questões de segurança do trabalho e saúde ocupacional, e também respeitando as questões ambientais.

Os colaboradores das empresas, de uma maneira geral, são conduzidos por decisões gerenciais, e utilizam como um paradigma instalado os critérios de trabalhos definidos pelos gestores que, diariamente, determinam os caminhos a serem seguidos pelos técnicos e muitas vezes até acompanham as ações de campo com o propósito de estarem perto das atividades que irão gerar os resultados projetados, através das suas decisões.

Concluindo, o tema governança da manutenção é bastante abrangente, não se limita ao contexto apresentado neste livro, e nem por isto deixa de ser extremamente importante para que o departamento de manutenção possa contribuir decisivamente para o sucesso da empresa, trazendo, definitivamente, a manutenção para a agenda das decisões estratégicas, garantindo uma estabilidade produtiva através dos ativos físicos disponíveis para a produção, e confiáveis no contexto operacional.

*"Quando se consegue que os recursos sejam aplicados conscientemente e justificados por análises objetivas com base em dados confiáveis, a governança na manutenção está instalada" (Braidotti, 2016).*

O processo de amadurecimento da governança na manutenção é extremamente importante para que todas as práticas solicitadas e realizadas diariamente possam ser conduzidas e entreguem resultados baseados no valor potencial de todos os tipos de ativos. Os esforços relacionados às atividades individuais de cada colaborador, devem estar alinhados com os resultados projetados impactando positivamente no processo produtivo, e contribuindo diretamente com a:

a) Confiabilidade e produtividade dos **ativos físicos**.
b) Garantia da saúde e segurança dos **ativos humanos**.
c) Viabilidade econômica dos **ativos financeiros** relacionados com as práticas de manutenção.
d) Qualidade dos **ativos da informação**, por meio de documentos e registros preenchidos diariamente pelos colaboradores da empresa, desde a origem da identificação da necessidade de serviço, até o

registro final da atividade realizada e aprovada.

e) Imagem dos setores produtivos e de apoio operacional contribuindo com os **ativos intangíveis**, os quais formam toda a estratégia do negócio, com a participação decisiva e direta da manutenção nas rotinas diárias.

Os 5 tipos de ativos mencionados acima estão alinhados com os conceitos da Norma **ISO-55.000** (2014), na qual é tratada a **Gestão Estratégica dos Ativos** da empresa.

A ISO 55.000 é uma norma internacional que apresenta um conjunto de requisitos para o processo do ciclo de vida de um sistema de gestão de ativos que, ao serem implementados e mantidos, permitem demonstrar como as organizações podem maximizar o alcance dos objetivos estratégicos e os consequentes resultados para os acionistas.

Segundo a norma, as decisões de gestão de ativos deverão considerar as implicações econômicas, ambientais e sociais presentes e futuras, em linha com os preceitos da sustentabilidade.

A prática da governança da manutenção eficaz deve representar o alinhamento entre as diretrizes e objetivos estratégicos da empresa, com as ações e resultados da área de manutenção.

A governança da manutenção deve ser representada por um conjunto de práticas, padrões e relacionamentos estruturados, assumidos pelos gestores, coordenadores, supervisores, técnicos e a equipe operacional da empresa, com a principal finalidade de garantir as atividades, registros e controles eficazes, garantir os processos seguros, minimizar os riscos associados às tarefas diárias, ampliar o desempenho dos processos produtivos, otimizar a aplicação dos recursos disponibilizados pela empresa, reduzir continuamente os custos, suportar as melhores decisões, e, como consequência de todos os pontos mencionados acima, alinhar as práticas de manutenção ao negócio da empresa.

Esta definição traduz de uma maneira direta a importância da área de manutenção na empresa, a qual almeja atender a crescente demanda por aumento da qualidade de produtos e serviços, na garantia de processos padronizados, implantados e atualizados, em função da alta competitividade do mercado globalizado, e na busca constante por menores custos.

Para que se possa aplicar uma boa prática de **governança na manutenção**, é necessário que se possa apresentar:

a) Transparência nas ações, decisões, definições e resultados apresentados pelos dos indicadores de desempenho.
b) Responsabilidade na condução e delegação dos trabalhos a serem realizados nas oficinas.
c) Entendimento de que as pessoas são diferentes, e que em função disto requerem um tratamento diferente para cada questão relacionada às práticas de trabalho.
d) Um processo eficiente e eficaz de controle das atividades diárias, na melhor apropriação dos recursos limitados disponíveis.

# 5. Práticas de Melhoria de Valor (*Value Improvement Practices* - VIP)

Trata-se de um conjunto de metodologias específicas e direcionadas a contribuir diretamente com a geração de valor em todas as etapas de um novo projeto, as quais, de uma maneira estruturada, são utilizadas para que as metas de um projeto sejam atingidas, quando se estiver controlando os custos, prazos e desempenho, sem comprometer as questões de segurança pessoal e patrimonial, saúde ocupacional e o meio ambiente.

As metodologias que compõem o universo de trabalho **VIP**, analisadas e validadas pelo órgão norte-americano **IPA** (*Independent Project Analysis*), também responsável pelas 10 (dez) áreas de conhecimento do **PMI** (Escopo, Integração, Tempo (cronograma), Custos, Qualidade, Recursos Humanos, Comunicações, Riscos, Aquisições e Partes Interessadas), que determinam o que deve ser observado e praticado durante o desenvolvimento de um novo projeto, apresentadas a seguir:

## 5.1. Seleção da Tecnologia

Esta metodologia visa identificar e determinar, de uma forma otimizada, a tecnologia mais adequada e alinhada com o projeto em questão em termos de custo, desempenho, prazo, confiabilidade, segurança, qualidade e mantenabilidade dos ativos físicos que irão compor a base técnica do projeto, dentre todas as alternativas oferecidas pelo mercado para o atendimento das necessidades.

A tecnologia que irá ser utilizada e perpetuada durante a fase de operação e manutenção do novo empreendimento, deverá fazer parte do pacote dos entregáveis da estratégia do *"Controle Inicial"*.

## 5.2. Classes da Qualidade do Empreendimento

Esta metodologia visa garantir qual deverá ser o padrão de qualidade do empreendimento, no atendimento aos requisitos do projeto, em termos de qualidade, confiabilidade, mantenabilidade, segurança operacional e na oportunidade de expansão.

Tem como propósito central apresentar o alinhamento das características do empreendimento com os objetivos do projeto.

## 5.3. Minimização dos Resíduos

Esta metodologia visa estudar, para cada etapa do processo produtivo e operacional, o potencial de geração de resíduos diretamente relacionado ao impacto ambiental.

O estudo deve apresentar de que maneira os resíduos podem ser minimizados e/ou eliminados, e há a possibilidade de serem transformados em valor para a empresa, como subprodutos que possam ser vendidos e/ ou reprocessados.

Esta prática minimiza os impactos ambientais e, portanto, facilita muito o processo de licenciamento ambiental.

## 5.4. Customização das Normas e Especificações Técnicas

Esta metodologia visa garantir que os requisitos legais e normativos para o propósito do empreendimento em questão estejam alinhados e compatíveis com as determinações do projeto, sem aumentar os custos dos ativos físicos, mas atendendo as necessidades reais da empresa.

Proporciona também além da redução da quantidade, a padronização dos documentos envolvidos no projeto, mantendo sempre a parametrização das boas práticas.

## 5.5. Simplificação dos Processos

Esta metodologia visa garantir que os ativos físicos, dependendo da forma que forem dimensionados, podem contribuir diretamente com a otimização dos custos, prazos e os padrões de operabilidade da instalação.

Com isso, proporciona a redução do custo do ciclo de vida do projeto, aplicada através dos ensinamentos da metodologia do LCC (Life Cycle Cost).

## 5.6. Gerenciamento pelo Valor Agregado

Esta metodologia visa apresentar as melhores alternativas para o projeto, no sentido da obtenção do melhor custo, eliminando o que não irá agregar nenhum valor para o novo empreendimento.

A proposta principal é a redução dos custos de investimento de capital (Capex), e dos custos operacionais (Opex).

## 5.7. Manutenção Preditiva

Esta metodologia visa identificar os momentos da ocorrência das falhas potenciais no estágio inicial, proporcionando a melhor decisão para as tomadas de decisão quanto aos serviços planejados a serem realizados nos ativos físicos, garantindo o melhor fator de operabilidade e mantenabilidade das instalações.

Proporciona também o aumento do fator de disponibilidade dos ativos físicos, com a diminuição das interferências da manutenção não planejada, otimizando os custos relacionados com as atividades de manutenção.

Baseado nas tecnologias existentes, é fato que através da aplicação das técnicas de (i) análise de vibração, (ii) termografia, (iii) análise de óleo lubrificante, (iv) ultrassom, entre outras, é possível obter ótima assertividade na definição das condições reais dos ativos físicos.

## 5.8. Projetar para a Capacidade Estabelecida

Esta metodologia tem como principal objetivo equilibrar os requisitos técnicos do novo projeto, com a capacidade máxima estabelecida para os ativos físicos, evitando qualquer tipo de desperdício.

Também otimiza os investimentos iniciais, os custos de manutenção, os custos operacionais e o custo da energia necessária para viabilizar o funcionamento das instalações.

## 5.9. Otimização Energética

Esta metodologia visa a otimização da aplicação de energia em todos os sentidos e aplicações, através da melhoria do balanço energético e térmico dos processos determinados na fase do projeto.

Visa também reduzir o consumo de qualquer modal de energia, parte integrante das despesas operacionais (Fase Opex).

## 5.10. Definição e Aplicação de Ferramentas de Tecnologia da Informação

Esta metodologia tem como principal objetivo evitar qualquer tipo de interferência entre a instalação já existente, e a nova instalação, na oportunidade da modelagem tridimensional, facilitando todas as fases do novo empreendimento, desde o planejamento, passando pela programação, até o momento da execução da montagem dos novos ativos físicos.

Facilita também o detalhamento do novo projeto, o tempo da instalação dos ativos físicos, a redução dos custos de armazenagem dos subconjuntos e componentes de montagem, e facilita também o treinamento dos operadores e mantenedores.

## 5.11. Revisão da Estratégia da Construção

Esta metodologia que é denominada como mandatória para os grandes empreendimentos, avalia sistematicamente o projeto básico e o projeto detalhado, procurando identificar as implicações que poderão ocorrer durante o momento da instalação e do comissionamento.

Com isso, é possível reduzir o período determinado para a instalação, reduzindo os riscos da ocorrência de acidentes, aumentando a segurança dos serviços de montagem e comissionamento.

Portanto, as características do **VIP**, considerando todas as metodologias apresentadas acima, fazem com que em determinados momentos de cada projeto se possa utilizar uma ferramenta que contribua diretamente para que os objetivos sejam atingidos.

Durante a elaboração do "Plano de Execução do Projeto", quem determina quais **VIP**s deverão ser utilizados, e os critérios que foram considerados para a sua aplicação especificamente para o projeto, é a equipe determinada para o projeto.

# 6. Fluxograma do Processo do Controle Inicial

*"O sucesso da geração de valor pelo ativo humano passa por sua integração aos processos de trabalho e reconhecimento dos resultados"*

*(Felipe Ramos Braidotti)*

Para que o completo significado do processo do Controle Inicial seja compreendido, um fluxograma composto por 5 (cinco) etapas foi elaborado conforme pode ser observado na Figura 3.

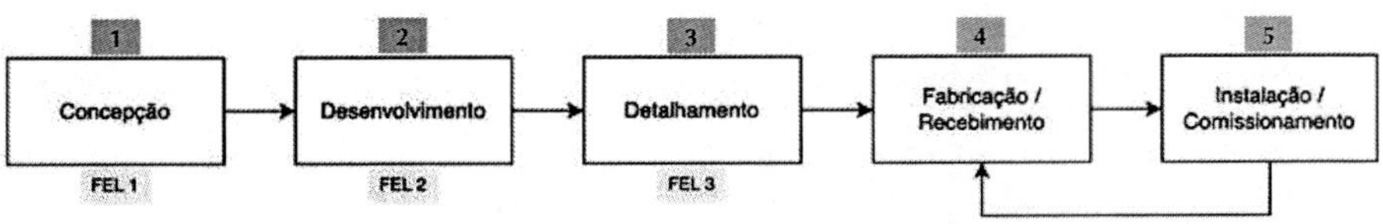


**Figura 6** - Fluxograma da Metodologia de Projeto

A seguir, cada uma das 5 etapas é previamente detalhada para o entendimento de seus respectivos conceitos. Na sequência da apresentação "macro" das etapas, há o detalhamento profundo de cada uma delas.

## 1 Planejamento do negócio (Concepção)

Esta etapa, detalhada adiante na Figura 5, é também conhecida como "Etapa de Concepção", onde as oportunidades são identificadas, ideias começam a surgir e nascem propostas reais para a solução a partir de alguma necessidade de um novo negócio. No mercado internacional esta etapa é denominada "FEL 1" (*Front-End Landing* 1).

## 2 Engenharia Conceitual (Desenvolvimento)

Esta etapa é também conhecida como "Etapa de Desenvolvimento", onde as oportunidades identificadas e viabilizadas na fase do FEL 1 passam por um desenvolvimento técnico e econômico mais detalhado, conforme é apresentado na Figura 6, a partir da apresentação do novo negócio para a alta direção da empresa e, em outras situações novos projetos/ produtos, para o mercado consumidor. No mercado internacional é denominada "FEL 2" (*Front-End Landing* 2).

## 3 Engenharia Básica (Detalhamento)

Esta etapa é também conhecida como "Etapa de Detalhamento do Projeto", em que as oportunidades já viabilizadas e desenvolvidas na fase do FEL 2 passam por mais um processo de detalhamento, conforme a Figura 7, contando com:

(i) elaboração completa do projeto;
(ii) mapeamento do processo;
(iii) balanço de massa;
(iv) elaboração do *layout;*
(v) levantamento da lista de ativos físicos;
(vi) definição de capacidades técnicas e operacionais;
(vii) etc.

No mercado internacional é denominada de "FEL 3" (*Front-End Landing* 3).

## 4 Fabricação, Aquisição e Recebimento

Esta etapa representa o momento em que tudo o que foi viabilizado nas 3 etapas anteriores, e já se tornou uma realidade de investimento para a empresa, irá se concretizar com o processo de aquisição dos ativos físicos e componentes determinados no projeto de engenharia. O detalhamento desta etapa é apresentado na Figura 8.

Esta é uma etapa extremamente importante, pois, na maioria dos casos, irá envolver uma grande quantidade de recursos financeiros da empresa. O maior cuidado que deve ser tomado nesta etapa é que os ativos físicos determinados nas fases anteriores, devem ser adquiridos conforme especificados nos desenhos elaborados pela engenharia.

A fase do "Recebimento" se encontra na sequência da fase de "Aquisição". Durante o recebimento dos ativos físicos adquiridos para o projeto, tudo o que foi inicialmente concebido, viabilizado e aprovado (técnica e economicamente), começa a se tornar uma realidade para a empresa. Neste momento a instalação está às vésperas de iniciar o processo efetivo de geração de valor para a empresa, onde a instalação (contemplada com o novo projeto) deverá entregar sua função de acordo com seus limites operacionais toleráveis.

Nesta etapa se caracteriza o conceito principal do "Controle Inicial" no fluxo proposto, que define: além da entrega técnica dos ativos físicos instalados e operando conforme as necessidades operacionais, deve haver a entrega de toda a documentação necessária para que se possa garantir o melhor desempenho dos ativos físicos durante a fase de Operação e Manutenção (OPEX), por todo o ciclo de vida operacional. Vale ressaltar que as entregas documentais devem seguir a chamada "Identidade do Cliente", o qual deve possuir padrões de formulários, planilhas e outros tipos de arquivos, para que as informações do projeto sejam alimentadas diretamente na base de dados da empresa, sem gerar dificuldades para o momento de sua consulta e utilização.

## 5 Instalação e Comissionamento

Esta etapa, apresentada em detalhe na Figura 11, é também conhecida como etapa da Partida da Instalação (Posta em Marcha), em que todos os ativos físicos entregues pelos fornecedores e fabricantes devem ser corretamente posicionados em seus locais de instalação, e todos os testes e verificações técnicas e operacionais devem ser realizados no sentido de garantir o início do processo produtivo.

No mercado internacional esta etapa é conhecida como "Etapa da Precisão", e representa a melhor oportunidade onde diversas atividades técnicas devem ser realizadas corretamente, como por exemplo:

- Fixação
- Alinhamento
- Ajustes
- Balanceamento
- Lubrificação
- Limpeza

Nos próximos capítulos cada uma das macroetapas apresentadas são detalhadas ao nível das atividades que as compõem. É importante ressaltar que, para cada tipo de projeto, tais atividades podem ser mais ou menos aprofundadas. Nesse sentido o detalhamento do Controle Inicial é função do tamanho e da complexidade do projeto. A Figura 4 apresenta o fluxo completo das etapas do Controle Inicial.

## Fluxograma para cumpri

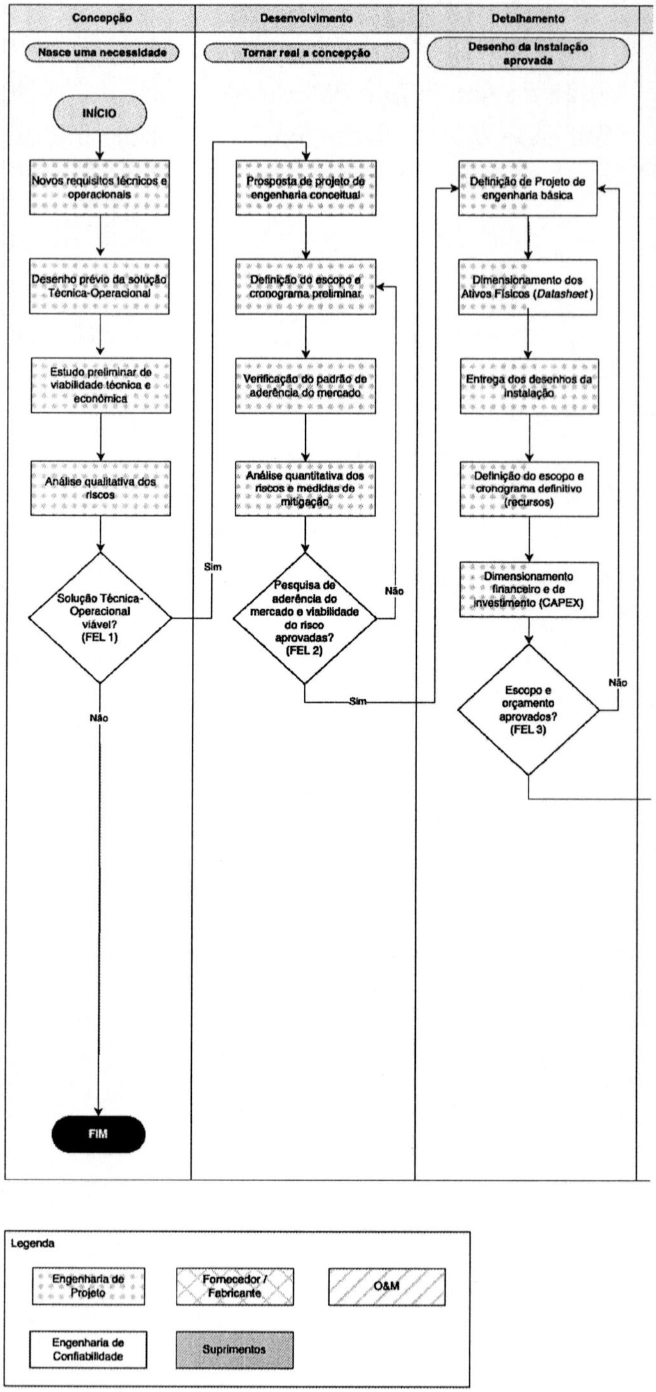


**Figura 7** - Fluxograma padrão das 5 Etapas do Controle Inicial

## ento do Controle Inicial / Early Management

BRAIDOTTI
Engenharia e Consultoria

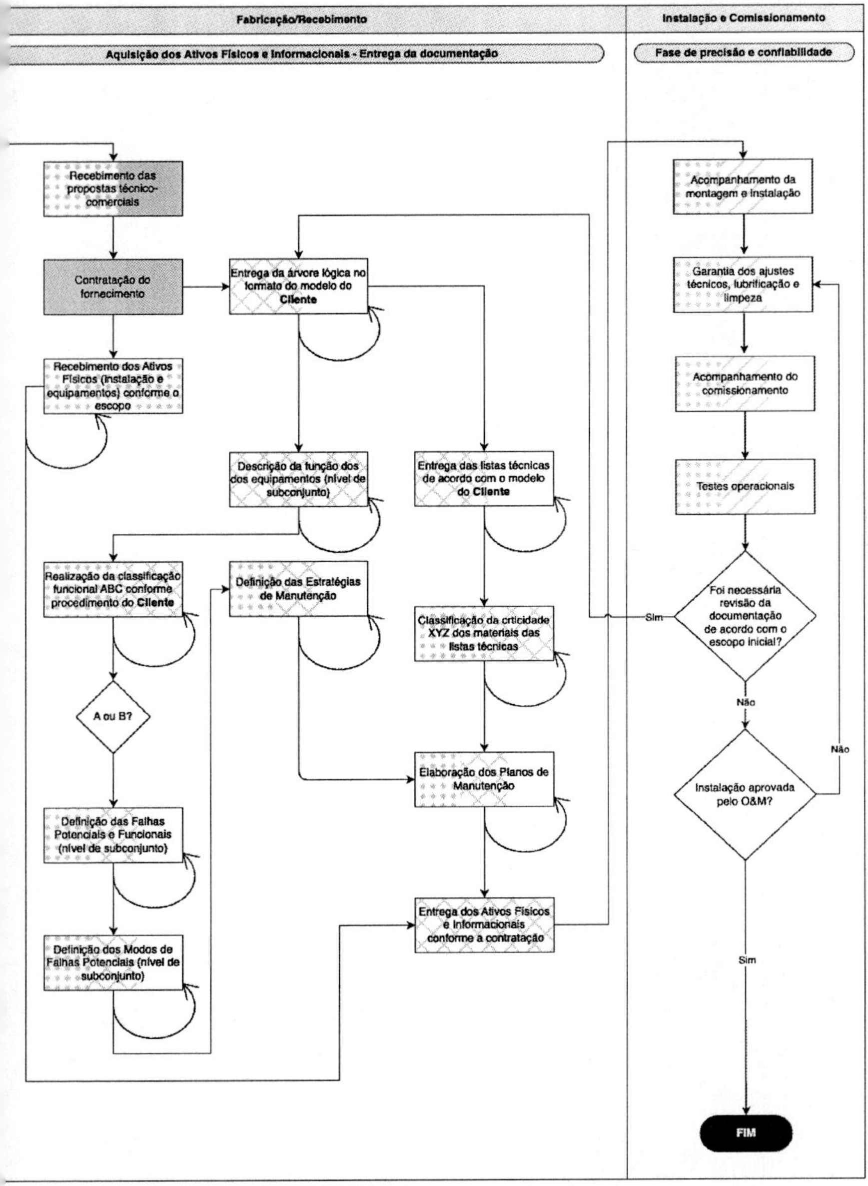


Ciclo de aprovação técnico
(Loop até a etapa ser entregue)

Documentação:

- Árvore Lógica até o 7º nível (Sistema Informatizado de Gestão)
- Classificação da Criticidade Funcional ABC
- Definição dos Modos de Falhas
- Definição das Estratégias
- Elaboração dos Planos de Manutenção Centrados na Confiabilidade
- Definição das Listas Técnicas dos Sobressalentes
- Cadastro dos Planos no Sistema Informatizado de Gestão
- Termos de Garantia via Fornecedor/Fabricante

## 6.1. Etapa de Planejamento do Negócio – Concepção (FEL1)

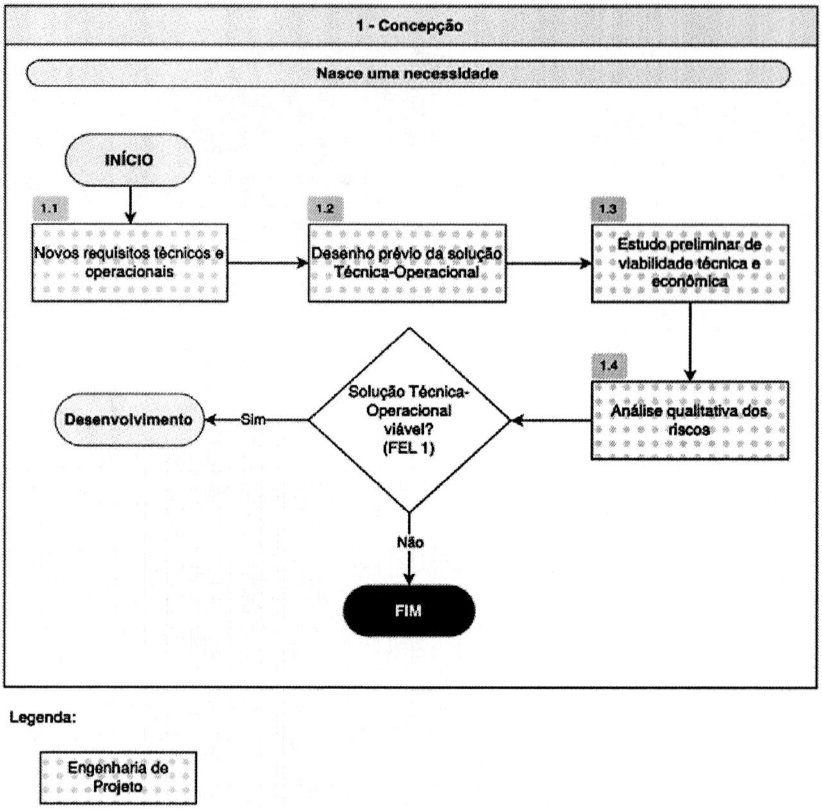


**Figura 8** - Etapa de Planejamento do Negócio

## 1.1 Novos requisitos técnicos e operacionais

O cenário operacional das empresas está sujeito a constantes mudanças e irá depender de alguns dos seguintes fatores, por exemplo, sendo eles internos ou externos:

- Demanda de mercado:
    - No caso de o mercado necessitar de maiores entregas da demanda ofertada pela empresa, novos equipamentos poderão ser adquiridos ou as linhas produtivas/operacionais podem necessitar de alguma atualização.

- Alterações na legislação:
    - Se alguma lei sobre a utilização de um equipamento (ou grupo de equipamentos) for alterada ou se houver restrições legais sobre, por exemplo, a emissão de poluentes ou produtos secundários resultantes de um processo operacional, então adequações podem ser necessárias.
    - Se alguma lei restringir a forma como os equipamentos são operados, visando a segurança das pessoas, do meio ambiente e dos processos, então pode haver alguma necessidade de se desenvolver uma solução.

- Obsolescência de equipamentos:
    - Todo equipamento industrial, ou Ativo Físico, perde desempenho ao longo do tempo, o que leva ao encarecimento operacional do ativo, pois cada vez mais se deve realizar manutenções para que o equipamento esteja em estado operacional conforme as premissas do projeto original.
    - Se os equipamentos obsoletos não entrarem em regime de atualização ou não houver orçamento operacional (OPEX) suficiente

para manter sua operação ao longo dos anos, falhas funcionais recorrentes podem começar a aparecer, sem aviso e sem muitos precedentes, levando a instalação a frequentes paradas não programadas que podem custar caro para a empresa.

- Avanços tecnológicos:
  - A cada ano novas tecnologias são desenvolvidas para o aprimoramento dos processos operacionais, no sentindo de redução de custos, redução de riscos às pessoas, ao meio ambiente, aumento de produtividade, confiabilidade, etc. Por conta disso, as equipes de engenharia devem estar atentas ao mercado para essas oportunidades, visto que podem melhorar tanto os processos quanto a qualidade de vida dos colaboradores da empresa.

Em virtude desses fatores, as equipes de engenharia devem estar atentas o tempo todo sobre quais deles podem afetar as instalações e operações da empresa em determinados momentos do ciclo dos equipamentos.

Se for observada a necessidade da implantação de um projeto para atender a alguma demanda interna ou externa, então o processo de Controle Inicial pode ser posto em prática nesta fase inicial.

## 1.2 Desenho prévio da solução Técnica-Operacional

Assim que alguma necessidade da etapa anterior é observada, é iniciada a etapa de desenvolvimento prévio da solução Técnica-Operacional. Neste momento, as ideias iniciais são desenvolvidas como esboços preliminares e postas em comparação, levando em conta os quesitos técnicos e "condições de contorno" para cada solução.

As soluções que aparentarem mais viáveis tecnicamente passam adiante para as próximas etapas.

Esta etapa conta principalmente com a experiência da equipe envolvida no projeto, pois a depender do histórico de projetos que a equipe já desenvolveu, soluções prévias podem existir em determinados contextos. Essa familiaridade com a solução pode ser uma boa prática, desde que todas as necessidades do projeto possam ser atendidas, caso contrário, novas soluções devem ser estudadas.

## 1.3 Estudo preliminar de viabilidade técnica e econômica

Com os candidatos a projetos mais viáveis para a solução das necessidades levantadas na etapa 1.1, se inicia a fase de estudos preliminares técnicos e econômicos.

Tecnicamente é possível avaliar se as soluções inicialmente propostas irão possuir algum tipo de empecilho no seu fornecimento, logística, prazos, etc.

Economicamente se deve avaliar as alternativas preliminares do projeto para que se possa tomar a decisão sobre as mais viáveis para os cofres da empresa. Uma vez que as interferências técnicas são estudadas, então a análise econômica pode ser realizada.

Nesta etapa, a análise financeira é feita de forma macro. Busca-se estimar, com alguma assertividade, qual o custo máximo que o projeto pode possuir. Como base para essa estimativa o orçamento de projeto (CAPEX) deve ser consultado e levado em conta. Neste momento, a assertividade financeira estimada está entre -20% e +40%.

O grande desafio da engenharia está na definição do projeto mais adequado tecnicamente, junto com a escolha do melhor orçamento sem ultrapassar o CAPEX definido para aquela situação. Por conta disso, essa é uma das etapas mais importantes do Controle Inicial, durante a fase preliminar do projeto.

## 1.4 Análise qualitativa dos riscos

Riscos como segurança, impacto ambiental, continuidade operacional, impacto operacional, etc. são avaliados nesta etapa. Questões normativas serão avaliadas posteriormente com mais detalhes.
O impacto operacional do projeto deve ser sempre positivo. Em outras palavras, a adequação ou modificação de um equipamento deve surtir efeitos sempre melhores dos que os encontrados até o momento na instalação.

Mesmo no caso de se instalar um ativo para substituir o seu antecessor (sem que se alterem as entradas e saídas do sistema), pelo menos a sua necessidade de intervenções de manutenção deve ser reduzida e seus custos operacionais minimizados (tendo os mesmos benefícios operacionais, mas com vantagem em custo).

Até este momento, as alternativas que foram constatadas como inviáveis na fase FEL 1 são deixadas para trás. As candidatas a continuar no fluxo de avaliação do projeto são encaminhadas à fase de "Desenvolvimento" (FEL 2).

## 6.2. Etapa da Engenharia Conceitual – Desenvolvimento (FEL 2)

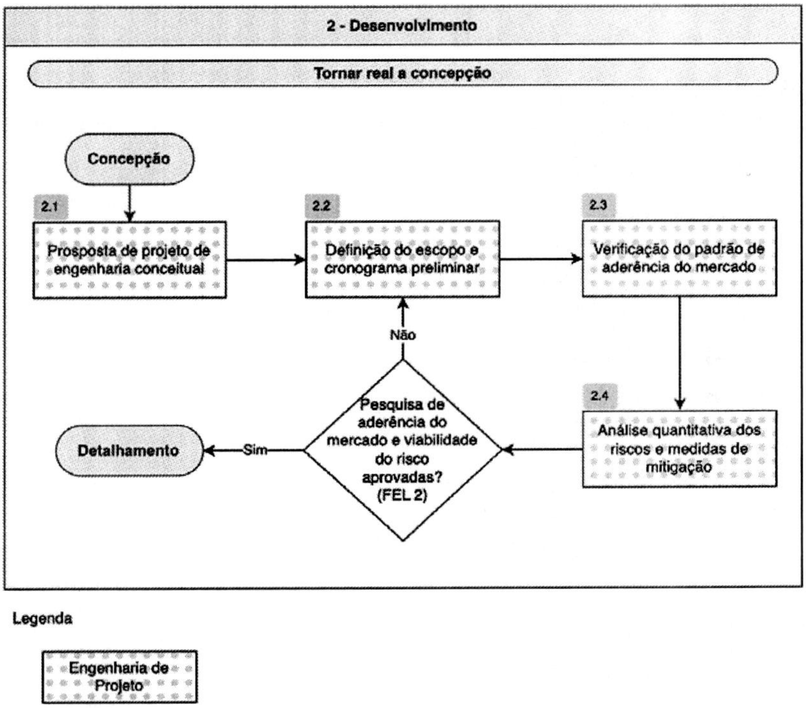


**Figura 9** - Etapa da Engenharia Conceitual

## 2.1 Proposta do Projeto da Engenharia Conceitual

A partir deste momento os projetos de engenharia conceitual são desenvolvidos e devem ser comparados para identificação do mais viável e o que irá, a partir de suas características técnicas, atender melhor as demandas e necessidades levantadas. Para que isso seja possível, na etapa de projeto de engenharia conceitual, é necessário:

- Definir as tecnologias que serão utilizadas;
- Esboço geral do projeto com detalhes técnicos relevantes;
- Resolver demais dúvidas sobre a viabilidade técnica do projeto;
- Planejar os recursos de forma preliminar.

## 2.2 Definição do escopo e cronograma preliminar

Nesta etapa, todos os projetos em análise têm seu escopo melhor definido e o cronograma preliminar é construído. Neste cronograma são estimados os seguintes prazos médios para as etapas subsequentes:

- Definição da alternativa mais viável do projeto;
- Início de obras e mobilização de equipes;
- Recebimento dos ativos físicos e adequação das instalações;
- Início das atividades operacionais com o novo projeto.

## 2.3 Verificação do padrão de aderência do mercado

Com o escopo já definido, e com o propósito do projeto pronto para ser apresentado para o mercado consumidor, se inicia a fase de entrega, ainda em caráter de teste operacional, com o principal objetivo de analisar a maneira na qual o mercado recebe o novo desenvolvimento e, entende que pode garantir que o projeto possa seguir com as etapas seguintes.

Esta etapa também conhecida como "Piloto", com um volume de produção de baixa escala, é muito importante, e deve ser utilizada como um termômetro com relação aquilo que se está introduzindo de novo no mercado.

Com a aceitação dos potenciais interessados naquilo que se está desenvolvendo como novo e, dependendo do nível de aceitação, o desenvolvimento pode seguir ou não para as próximas etapas do fluxo do Controle Inicial.

## 2.4 Análise quantitativa dos riscos e medidas de mitigação

Para qualquer tipo de negócio, desenvolvimento ou atividade a ser realizada, é necessário que a gestão de todos os riscos associados seja realizada, para que nenhuma surpresa venha comprometer o avanço daquilo que está procurando introduzir no mercado.

Desta maneira, com a aceitação do mercado consumidor é necessário que seja realizada uma análise minuciosa quantitativa de todos os riscos associados relacionados com o novo produto, no sentido de realizar uma cobertura estratégica de análise específica para que nenhum evento sequencial possa criar qualquer dificuldade de viabilidade técnica e financeira.

Com os riscos mapeados e conhecidos, as medidas de mitigação deverão ser identificadas e, devem fazer parte de um plano de trabalho específico para o atendimento a este novo desenvolvimento.

As medidas de mitigação são necessárias, para minimizar os impactos negativos que podem comprometer a viabilidade do novo negócio, e servir de uma cobertura e plano estratégico para poder garantir que as novas etapas sequenciais possam ser realizadas, alinhadas com o objetivo final do desenvolvimento.

As medidas de mitigação devem cobrir e estar alinhadas com todos os riscos mapeados nesta etapa.

## 6.3. Etapa da Engenharia Básica – Detalhamento (FEL 3)

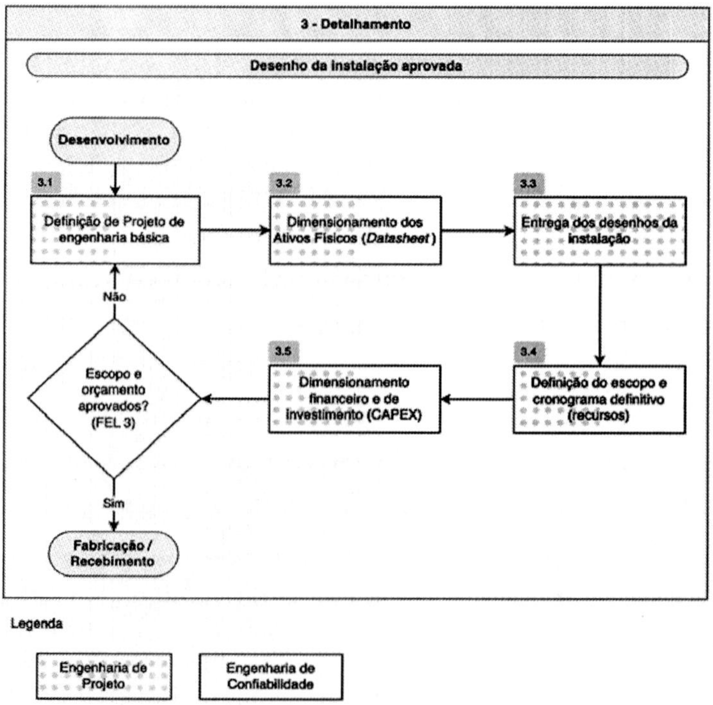


**Figura 10** - Etapa da Engenharia Básica

## 3.1 Definição do Projeto da Engenharia Básica

Durante o desenvolvimento da engenharia básica, algumas interferências básicas que o projeto pode possuir devem ser avaliadas. São elas:

1. Interferência espacial:
   - Neste tipo de interferência, o projeto é avaliado fisicamente e é determinado se haverá alguma interferência física com outros equipamentos ou sistemas próximos onde o projeto será instalado, no sentido de área operacional e cotas nos 3 eixos da planta.

2. Interferência energética:
   - O estudo desse tipo de interferência é utilizado para verificar qual será o perfil de consumo energético da empresa com a implantação do projeto. Alguns tipos de energias estudadas são: (i) potência elétrica; (ii) vapor e (iii) ar comprimido. Caso algum desses tipos (ou outros) se provarem insuficientes, deve haver o redimensionado do sistema ao qual pertencem para atender o projeto e manter os níveis de suprimento adequados dos ativos já instalados.

3. Interferência logística:
   - A instalação e adequação de novos sistemas e equipamentos pode interferir nas rotas de pessoal e outros ativos físicos. Dessa

maneira, Atentar-se às interferências que podem influenciar no fluxo atual de pessoas, materiais e outros ativos é imprescindível.

Nesta etapa também se inicia o dimensionamento dos ativos físicos que farão parte do projeto. As variáveis do processo definem as condições de contorno e as características técnicas que cada ativo deve possuir para atender sua função no processo operacional.

## 3.2 Dimensionamento dos ativos físicos (*datasheet*)

Uma vez que as condições de contorno e interferências são avaliadas e resolvidas, a equipe do projeto pode iniciar a seleção de equipamentos que farão parte do escopo da nova instalação. Aqui se iniciam os contatos com fornecedores para avaliar prazos de entrega, qualidade dos produtos, garantias esperadas, entre outros fatores.

Ativos físicos distintos possuem suas próprias características e, dependendo de sua função, valores de variáveis já definidas como necessárias (por exemplo: **pressão**, **temperatura**, **potência**, **velocidade**, **cargas** e **tensões**) serão utilizadas para dimensionar e selecionar corretamente os ativos físicos que irão integrar o projeto.

## 3.3 Entrega dos desenhos da instalação

Com os ativos físicos corretamente dimensionados e selecionados, já é possível consolidar os desenhos da instalação. Nesta etapa, a engenharia desenvolve os desenhos dos diversos sistemas do projeto, incluindo informações que serão utilizadas para a criação de diagramas funcionais detalhados.

Desenhos técnicos, diagramas elétricos, pneumáticos, hidráulicos, entre outros. são desenvolvidos para se certificar de que não faltam informações vitais para o projeto.

A junção das etapas 3.2 e 3.3 compreende a fase de Engenharia Detalhada, onde se tem a definição dos ativos físicos e suas posições funcionais de acordo com as características técnicas definidas para o projeto.

## 3.4 Definição do escopo e cronograma definitivo (recursos)

O cronograma final pode ser desenvolvido a partir da entrega dos desenhos completos do projeto. Até aqui foram definidos os parâmetros técnicos gerais do projeto, com seu detalhamento para cada sistema funcional do negócio. Na sequência é primordial que o planejamento de execução do projeto seja desenvolvido. Portanto, os recursos necessários para a entrega do projeto devem ser dimensionados de acordo com as etapas anteriores. A seguir são listados alguns desses tipos de recursos:

- Ativos físicos constantes no projeto;
- Pessoal envolvido em obras, instalações e comissionamento;
- Materiais que serão utilizados em montagens e ajustes;
- Equipe terceirizada.

Cada etapa da execução terá seus respectivos recursos e tempos necessários para ser cumprida. Existem atividades que podem ser realizadas em paralelo e outras que podem depender de entregas anteriores. Onde houver a interdependência entre disciplinas, deve ser dada uma atenção quanto à gestão dos recursos humanos, principalmente, para que não haja atrasos na entrega dos projetos.

Por mais que os desenhos e diagramas técnicos (representando seus respectivos sistemas funcionais) sejam elaborados independentemente, pode haver a necessidade da interação entre as equipes responsáveis por cada um, no sentido de viabilizar a integração dos sistemas, levando em conta intertravamentos operacionais e de segurança dos equipamentos.

## 3.5 Dimensionamento financeiro e de investimento (CAPEX)

Com os ativos físicos que farão parte do novo projeto já dimensionados e determinados, e os desenhos da nova instalação já conhecidos, é necessário que antes de se partir para o momento da consulta aos fabricantes e fornecedores dos ativos físicos para as aquisições, seja realizado uma etapa estratégica de planejamento financeiro pois, além da viabilidade técnica quanto ao novo projeto, se deve também cuidar da viabilidade econômica referente aos investimentos necessários nesta fase.

Para tanto, vários estudos alternativos financeiros e de investimentos devem ser realizados, no sentido de se obter o melhor caminho a ser seguido nas aquisições necessárias para compor uma etapa decisiva para o novo projeto.

Este momento do novo projeto faz parte daquilo que se conhece como "***Fase CAPEX***", que não contempla somente esta fase de dimensionamento financeiro e de investimento, mas também todas as etapas anteriores apresentadas no "***Fluxograma para o Cumprimento do Controle Inicial – Early Maintenance***", até este ponto, e esta importante e decisiva "***Fase CAPEX***", irá seguir até o momento da "***Instalação e do Comissionamento***", do novo projeto, que será apresentado na sequência.

O termo "***CAPEX***" proveniente da língua inglesa é a sigla que representa a palavra "*Capital Expenditure*", ou seja, são as "*Despesas de Capital*", que devem ser gerenciadas toda vez que se toma uma decisão por um novo projeto ou reforma de um ativo físico.

As principais características do ***CAPEX*** são:

- Investimentos (ativos físicos, humanos e informacionais) de longo prazo.
- Gera um grande impacto no fluxo de caixa da empresa.
- Os benefícios são gerados ao longo do tempo de utilização dos ativos.
- Os investimentos podem ser depreciados ao longo da aplicação na vida útil dos ativos.

As principais vantagens do ***CAPEX*** são:

- Possibilita a melhoria da infraestrutura da empresa.
- Contribui com o aumento da eficiência, da eficácia e da produtividade da empresa.
- Propicia a oportunidade da aquisição de novas tecnologias e ativos físicos.
- Fornece a redução no impacto do resultado financeiro da empresa através da depreciação ao longo da vida útil de utilização dos ativos.

Exemplos de aquisições na "***Fase CAPEX***":

- Compra de imóveis para a expansão da empresa.
- Aquisição dos ativos físicos de produção, energia, utilidades, transporte, etc.
- Novas construções ou reforma nos imóveis já existentes.
- Investimentos em tecnologias de ponta para gerar a otimização dos processos internos da empresa.

Na fase de dimensionamento financeiro quanto aos investimentos necessários na Fase CAPEX, é necessário que se entenda que na maioria das vezes, aquilo que foi "desenhado" como uma nova solução para um processo operacional nem sempre será exatamente aquilo que será necessário durante as fases de instalação e comissionamento, e desta maneira, é prudente a oportunidade de se criar uma reserva estratégica de recursos, para não comprometer o novo projeto tão necessário para o crescimento e desenvolvimento da empresa no mercado em que atua.

Portanto, em função dos volumes financeiros serem muito altos nesta fase do novo projeto, é necessário que a equipe da engenharia responsável possa apresentar um dimensionamento das necessidades de investimento, muito próximos da realidade, seja nos aspectos de todos os recursos necessários para a nova instalação, como também para o comissionamento.

## 6.4. Etapa da Aquisição e do Recebimento

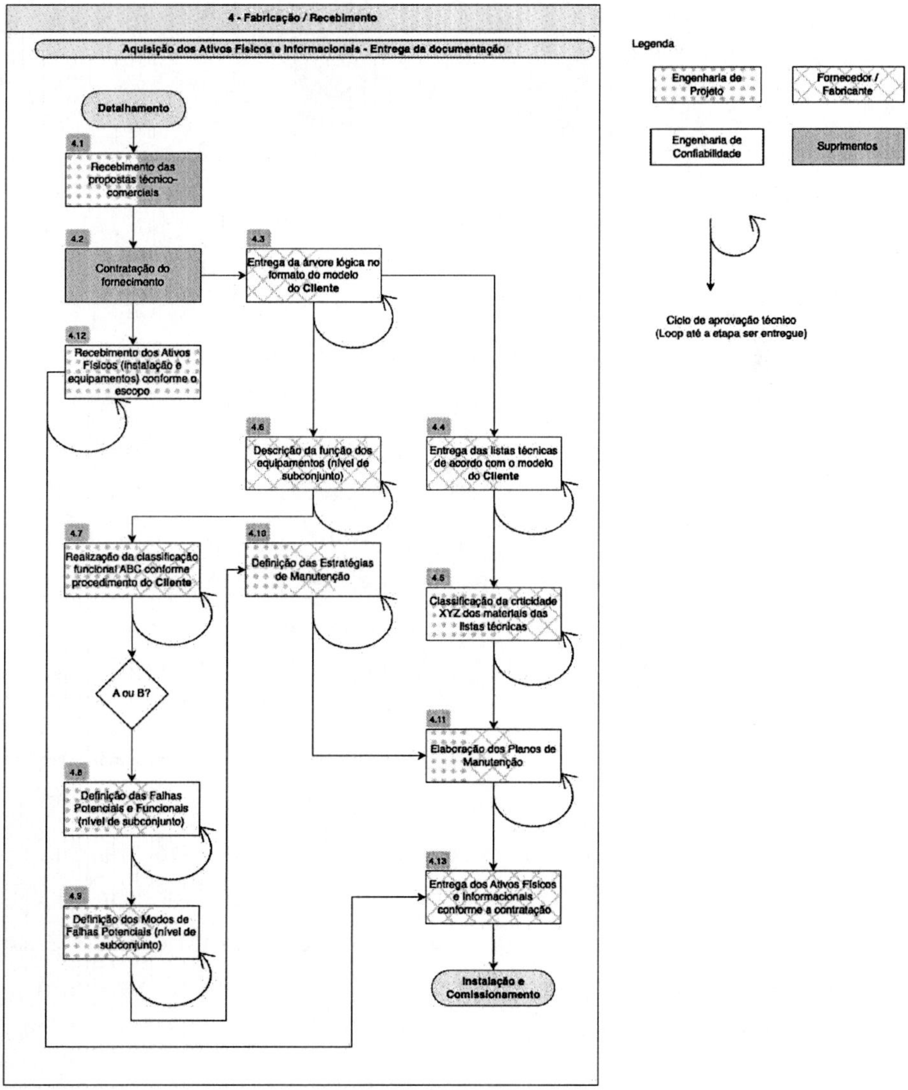


**Figura 11** - Etapa de Aquisição e do Recebimento

## 4.1 Recebimento das propostas técnico-comerciais

Após o envio do memorial descritivo (ou termo de referência) para o mercado fornecedor, as propostas técnico-comerciais começam a chegar ao departamento de suprimentos da empresa. As avaliações técnicas da proposta são conduzidas para a verificação do escopo e sua aderência às premissas desenhadas pela engenharia de projetos. Caso os fornecedores apresentem muitas dificuldades em apresentar uma proposta alinhada com os objetivos técnicos do projeto, revisões podem ser realizadas internamente a fim de abrir mais opções por parte do mercado. Essa tratativa deve ser adotada sem que o projeto perca qualidade técnica.

As propostas técnicas aprovadas são então avaliadas financeiramente, e devem buscar sempre o melhor custo-benefício do projeto. Negociações comerciais podem ser realizadas nesta etapa, desde que não haja infração no contexto técnico da proposta, garantindo assim a melhor opção técnica e comercial a ser contratada. No sentido de garantir esse cenário e a depender do projeto, diferentes fornecedores podem ser selecionados para desenvolver cada uma das partes.

## 4.2 Contratação do fornecimento

Aqueles fornecedores que atenderem aos padrões técnicos e comerciais estipulados na etapa anterior são selecionados para iniciar a execução do projeto com o cliente. A burocracia da geração de contratos com suas diversas cláusulas deve existir antes que quaisquer atividades de execução sejam postas em prática.

Cada etapa de execução do projeto deve contemplar seus respectivos entregáveis, sejam documentos, instalações físicas, desenvolvimento de *softwares*, procedimentos, etc. No memorial descritivo do projeto todo esse detalhamento deve estar bem claro antes da geração dos contratos, sua aprovação e posterior execução do projeto.

A pessoa responsável pela gestão da execução do projeto deve possuir todo o conhecimento do memorial descritivo, do cronograma e o contato dos pontos focais de cada um dos fornecedores.

## 4.3 Entrega da árvore lógica no formato do modelo do Cliente

Ao se deparar com uma instalação industrial, pode-se observar que há uma infinidade de ativos físicos cujas origens podem ser muitos parecidas, porém com aplicações e funções totalmente distintas. Uma bomba centrífuga, por exemplo, pode ser utilizada para transportar uma vazão específica de água que será utilizada em um processo de resfriamento de substâncias, sendo que outra bomba, do mesmo modelo da anterior, será utilizada, na mesma empresa, para abastecer a caixa d'água de uso comum da fábrica.

Uma das inúmeras conclusões que podem ser tiradas a partir dessa observação, é que a importância da bomba para os processos relacionados diretamente ao *core business* da empresa é diferente, dependendo de sua aplicação, ou seja, dependendo em qual sistema a mesma está instalada (resfriamento ou caixa d'água).

Essa avaliação é extremamente importante, pois reflete para o profissional da manutenção a importância do registro hierárquico dos ativos através de uma árvore lógica, na qual seja possível localizar qualquer ativo físico na planta sem gerar dificuldades para a gestão da própria manutenção. Ou seja, quando um ativo físico for pesquisado para que possa ser gerenciado, ele estará sempre atrelado a sua cadeia hierárquica e, consequentemente, a sua importância funcional no processo produtivo.

A seguir é mostrada uma proposta de como essa árvore lógica pode ser construída. Serão utilizados 7 níveis hierárquicos para desenvolver a árvore lógica até o nível de sobressalentes, porém, essa é uma prática média de mercado, sendo que esse número de níveis pode variar entre 5 e 9. Menos do que isso, o detalhamento fica superficial, mais do que isso o detalhamento fica muito minucioso, dificultando a gestão dos objetos do sistema. A Figura 12 ilustra o modelo proposto.

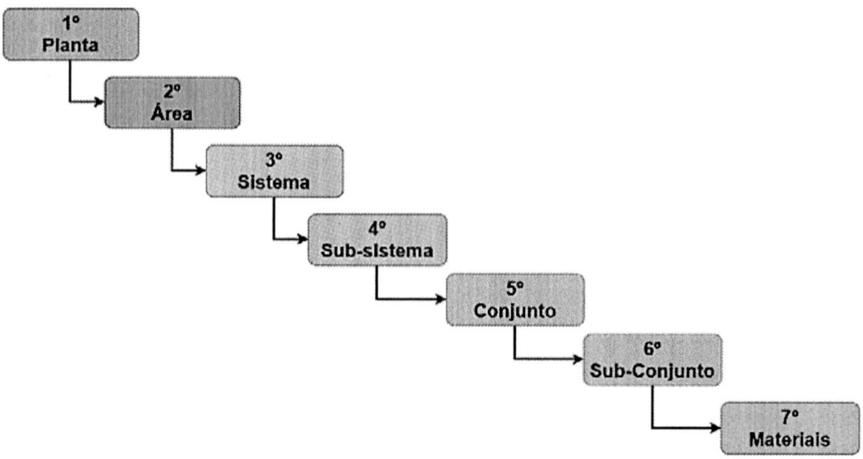


(a)

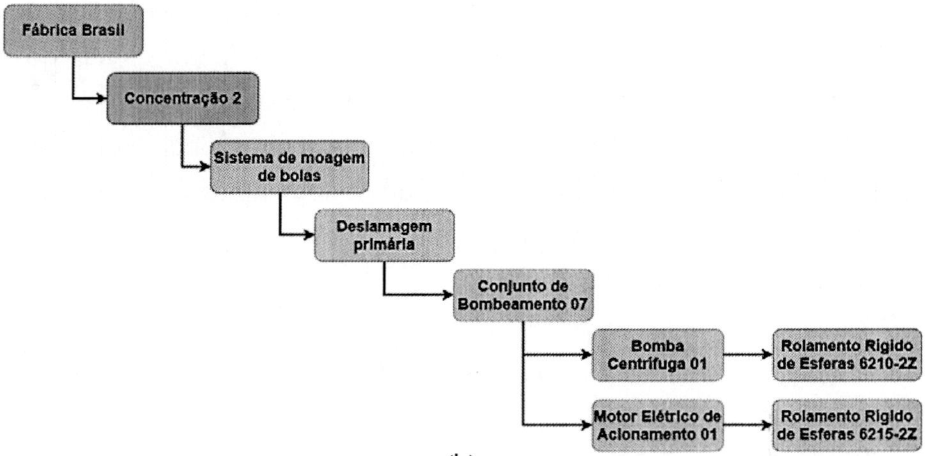


(b)

**Figura 12** – (a) Exemplo teórico de uma Árvore Lógica; (b) Exemplo prático de uma Árvore Lógica

Para que esta etapa seja executada de acordo com as diretrizes do Controle Inicial, a árvore proveniente do projeto deve seguir o modelo de hierarquias proposto pelo cliente. Ou seja, aos fornecedores cabe entregar esse tipo de informação documentada nos padrões do solicitante, conforme previsto em contrato. Independentemente do número de fornecedores envolvidos no projeto, reuniões de alinhamento podem ser convocadas visando a plena compreensão de como a árvore será entregue.

## 4.4 Entrega das listas técnicas de acordo com o modelo do Cliente

Possuir a relação dos sobressalentes envolvidos no projeto é necessário para que se tenha uma base confiável de consulta quando da necessidade de aquisição dos materiais para serviços de manutenção. O levantamento das listas técnicas (conhecida como "lista de peças" e "BOM – Bill of Materials") deve ser feito preferencialmente antes do início da execução do projeto, pois se essa atividade concorrer com as entregas físicas dos ativos, muito provavelmente será esquecida ou feita de "qualquer forma", levando a informação documentada a um padrão incompatível com o recomendado para manter os ativos físicos com alta disponibilidade durante sua operação.

Naturalmente, pode haver mudanças nos ativos (e de ativos) durante a execução do projeto contratado, porém, com as listas técnicas já desenvolvidas, as chances de sofrerem grandes alterações diminuem.

A empresa (cliente) que está implantando o projeto e fará uso das funcionalidades dos ativos físicos que serão instalados, deve possuir um padrão para descrever os materiais e evitar ambiguidades durante as fases de aquisição, fornecimento e manutenção/ operação do projeto. Tal padrão pode ser referido como PDM (Padrão Descritivo de Materiais).

O PDM é adotado para garantir uma descrição técnica completa e padronizada, facilitando a comunicação interna e externa na empresa, evitando qualquer dificuldade na aquisição e duplicidade no cadastro. A metodologia tende a tornar o almoxarifado mais enxuto e mais confiável para o atendimento às demandas de manutenção. Contribuindo também para reduzir o impacto financeiro no custo operacional.

A seguir é apresentado um caso de estudo onde é possível identificar os ganhos potenciais que a adoção de um PDM pode trazer para a empresa. É importante ressaltar que a adoção do PDM na fase de projetos não garante que o material será corretamente gerenciado durante todo o seu ciclo de vida. Para que o PDM se torne uma prática sustentável, todos os departamentos que fazem interface com os materiais de manutenção devem praticá-lo.

Suponha a seguinte lista de materiais:

- Rolam. 6309 45X100X25 – código: 9980071.
- Rolamento 6309 – código: 9980082.
- Rolamen. 45X100X25 – código: 9980093.

É possível que os 3 códigos referenciem o mesmo material ou SKU (*Stock Keeping Unit*), porém o estoque "enxerga" 3 materiais diferentes. No sentido de evitar essa leitura triplicada dos códigos o PDM é aplicado.

Inicialmente as principais caraterísticas do material são selecionadas. Depois é escolhida a sequência em que essas características devem aparecer na descrição do material. Para o caso em estudo, suponha que as características selecionadas do rolamento sejam: tipo do rolamento, número de carreiras, diâmetro interno, diâmetro externo, largura e código do rolamento.

Se essa lógica for aplicada para cada código da lista anterior, então a descrição nova de todos eles se torna:

- Rolamento de esferas, uma carreira, 25mm X 100mm X 45mm, 6309.

**Conclusão**

Com a aplicação do PDM é possível:

- ➢ Eliminar duplicidades no cadastro dos materiais;
- ➢ Padronizar a adoção de materiais em projetos;
- ➢ Gerenciar melhor os estoques e cadastros;
- ➢ Perceber a similaridade entre itens intercambiáveis.
- ➢ Etc.

## 4.5 Classificação de criticidade XYZ dos materiais das listas técnicas

A gestão de materiais sobressalentes para a manutenção é um assunto delicado que evoluiu ao longo dos anos. Quando o MRP foi proposto na década de 60 como uma ferramenta para gerenciar os recursos materiais dos setores de operação, a manutenção ficou encarregada de oferecer aos seus colaboradores algum meio de controle e gestão dos materiais que compunham os ativos físicos.

Todo material/componente de um ativo físico tem seu grau de importância e criticidade relativa aos demais, pois podem ser classificados como componentes:

- Mais resistentes ou mais frágeis;
- Relacionados direta ou indiretamente à função dos ativos físicos;
- Importados ou nacionais;
- Custo elevado ou baixo;
- Tempos de ressuprimentos altos ou baixos, etc.

A definição dos níveis de estoque, sejam eles máximos ou mínimos, não é uma prática elementar, pois depende muito das criticidades desses materiais que deve ser obtida por meio de uma metodologia sistematizada e confiável.

A análise da classificação de materiais é preparada frequentemente para determinar o método mais econômico para controlar itens de estoque, pois, por meio dela é possível reconhecer que nem todos os itens estocados merecem a mesma atenção por parte da administração ou precisam manter a mesma disponibilidade para satisfazer os clientes.

Conduzir uma análise de classificação de materiais é, com certeza, um passo muito útil no projeto de otimização dos estoques, reduzindo tanto o capital investido nos estoques como os custos operacionais.

## Metodologia de Classificação

A classificação da criticidade de materiais "**XYZ**" composta por **9 (nove)** parâmetros, como são mostrados a seguir:

*i.* ***Lead time* X Intervalo PF**
ii. **Similaridade**
iii. **Custo com outros Materiais**
iv. **Custo com Insumos**
v. **Previsibilidade da Falha**
vi. **Tempo de Retomada**
vii. **Impacto na Qualidade do Produto**
viii. **Impacto no Volume de Produção**
ix. **Impacto em SSMA (Segurança, Saúde e Meio Ambiente)**

Na sequência cada um dos parâmetros é detalhado para o pleno entendimento da metodologia.

### *i.* *Lead time* X Intervalo PF:

O Intervalo PF se refere ao tempo de vida de um componente após o mesmo apresentar indícios de uma possível falha funcional, ou seja, assim que ele começa a apresentar suas falhas potenciais. Já o *lead time* mostra em quanto tempo o fornecedor de um componente leva para reabastecer a empresa após a emissão de um pedido de compra. Em linhas gerais, é esperado que o *lead time* seja sempre menor do que o Intervalo PF, pois, dessa maneira, sempre que uma falha potencial for previamente identificada, será possível emitir um pedido de ressuprimento do componente no sentido de atender a demanda antes que o ativo comprometa o processo produtivo.

### ii. Similaridade:

Componentes de diversos fabricantes diferentes possuem funções, aplicações, e formas construtivas similares. Portanto, ao longo do ciclo de vida de um ativo físico é possível que um componente seja substituído várias vezes sem que a aplicação seja exatamente a do mesmo que estava instalado anteriormente. Materiais considerados similares entre si podem ser utilizados tanto em projetos como "suplentes" para a aplicação em um Ativo Físico na falta do outro componente. Esse critério de similaridade recebe uma pontuação crítica caso um componente não possua similaridade com nenhum outro componente registrado nas listas técnicas de outros Ativos ou no almoxarifado.

### iii. Custo com outros Materiais:

Alguns componentes, ao entrarem em estado de falha funcional, podem influenciar a utilização de outros componentes que fazem parte do mesmo sistema o qual pertencem. Em alguns casos, aumento nas solicitações mecânicas, ausência abrupta de proteções eletromecânicas, instabilidade em movimentos rotativos e lineares, podem impactar no funcionamento de outros componentes. Ou seja, caso um desses componentes venha a falhar funcionalmente, não existirão apenas os seus custos com mobilização e ressuprimento, mas sim, poderá haver outros custos envolvidos relacionados a outros materiais e outras atividades de mobilização que provavelmente não eram esperadas no contexto dessa falha funcional.

### iv. Custo com Insumos:

Similar ao critério anterior, caso o componente em questão entre em estado de falha funcional, se ele influenciar a aplicação de algum insumo, ele é um componente que requer atenção especial. Ou seja, caso a falha desse componente resulte em perda ou impacto na qualidade de insumos de processo/operação ou de insumos utilizados pela manutenção, os custos de mobilização e ressuprimento serão maiores do que o esperado no cenário daquele componente isolado.

### v. Previsibilidade da Falha:

Entendendo a importância do nível de conhecimento de todas as necessidades de manutenção por parte das equipes técnicas, este parâmetro tem como principal objetivo questionar se existe uma condição da aplicação de um diagnóstico técnico na observação do grau de degradação dos ativos físicos.

### vi. Tempo de Retomada:

Após o evento da ocorrência da falha, este parâmetro apresenta a capacidade da ação das equipes especialistas na recolocação dos ativos físicos em ótimas condições operacionais. Avalia o tempo na qual as equipes necessitam para realizar as atividades de campo, no cumprimento das ordens de serviços.

### vii. Impacto na Qualidade do Produto:

Existem componentes que, ao entrarem em estado de falha, podem impactar a qualidade final de forma negativa. Dessa forma, a falha funcional desses componentes deve ser evitada e/ou prevista com antecipação pois, além de haver um potencial de Falha do Ativo, uma operação inteira pode ser comprometida.

### viii. Impacto no Volume de Produção:

Do mesmo jeito que um componente em estado de falha pode impactar a qualidade do produto, seu volume pode sofrer o mesmo impacto. Se um componente instalado em um ativo crítico (em termos de volume para o processo – gargalo) entrar em estado de falha, os volumes de produção podem ser diretamente impactados, fazendo com que a operação perca volume de entrega e, principalmente, rendimento operacional.

### ix. Impacto na SSMA:

Se um componente se encontrar em estado de falha e o mesmo impactar o meio ambiente e a saúde e segurança das pessoas, ele pode ser considerado crítico nesse critério em questão. Esta avaliação deve ser feita no momento em que o componente entra em estado de falha e não durante os processos de análise de falha, muito menos durante as atividades de restauração funcional do Ativo Físico no qual o componente estava instalado.

Após a avaliação individual de cada parâmetro, o material é adequado a uma das 3 (três) classes a seguir.

### Classe do Material Crítico (Z):

São materiais de reposição específica de um ativo físico ou de um grupo de ativos físicos iguais, cuja demanda não é previsível e cuja decisão de estocar é tomada com base na análise de risco que a empresa corre, caso esses materiais não estejam disponíveis quando necessário. Por serem sobressalentes vitais de um ativo físico produtivo, ou que envolva segurança de pessoas e questões de meio ambiente, devem permanecer estocados até sua utilização, não estando, portanto, sujeitos ao controle de obsolescência.

**Classe do Material Intermediário (Y):**
É todo material que apresenta algum impacto seja direto ou indireto na disponibilidade dos ativos físicos, na estabilidade operacional e nas questões ambientais. Alguns itens desse grupo devem possuir uma gestão de estoque relativamente rigorosa caso sua falta repentina possa ameaçar a operação ou a segurança das pessoas de alguma maneira. Caso contrário, as práticas de estoque podem ser conduzidas de acordo com a classificação de "materiais não críticos (X)", como é mostrado a seguir.

**Classe do Material não Crítico (X):**
É todo material que não apresenta nenhum impacto direto na disponibilidade dos ativos físicos e na estabilidade operacional.

Do exposto anteriormente, decorre que os materiais considerados como classe Z merecem um tratamento administrativo preferencial no que diz respeito à aplicação de políticas de controle de estoques, já que o custo adicional para um estudo mais minucioso destes itens é compensado. Em contrapartida, os itens classificados como X não justificam a introdução de controles muito precisos, devendo receber tratamento administrativo mais simples ou até eliminando a necessidade de existir o estoque de tais itens. Já os itens classificados como Y poderão ser submetidos a um sistema de controle administrativo intermediário entre aqueles classificados como Z e X.

## 4.6 Descrição da função dos equipamentos (nível de subconjunto)

Todo ativo físico instalado cria diretamente uma expectativa para seu cumprimento funcional, onde a faixa de atendimento para cada ativo físico foi determinada na fase do projeto, durante a viabilidade de seu fornecimento e instalação.

Portanto, com a árvore lógica conhecida, ao nível do subconjunto, representando o objeto alvo de trabalho da manutenção, por exemplo: redutor de velocidade, bomba centrífuga, motor elétrico, etc., é de fundamental importância a determinação e o conhecimento das funcionalidades de cada ativo físico pois, serão a base de orientação para a definição da melhor estratégia de trabalho para a manutenção.

Na sua essência, pensando diretamente no resultado almejado, pelos padrões e ensinamentos da qualidade, o que se mantém não são necessariamente os ativos físicos, mas sim, os seus cumprimentos funcionais, na busca da melhor entrega, procurando evitar qualquer tipo de consequência indesejável que possa comprometer os melhores resultados operacionais.

Desta maneira, conhecer as funções (primárias e secundárias) dos subconjuntos é um caminho seguro para a etapa do Controle Inicial.

## 4.7 Realização da classificação funcional ABC conforme procedimento do Cliente

Os recursos disponíveis para a manutenção e a gestão dos ativos físicos de uma empresa são limitados: financeiros, pessoal (homem-hora), materiais, ferramentas, etc. Desta maneira, é necessário priorizar e concentrar esforços, com o objetivo de aumentar a confiabilidade dos ativos físicos. Neste sentido, a criticidade é o atributo que demonstra a importância de um ativo físico inserido em um processo produtivo ou em uma instalação predial, quanto a sua funcionalidade, demonstrando quanto o ativo físico em questão é indispensável no contexto de um sistema operacional.

A falta de um critério estruturado para a classificação da criticidade funcional de um ativo físico, possui um impacto direto no orçamento (ativo financeiro) da manutenção pois, de uma maneira geral, em função da necessidade de garantir a aparente confiabilidade operacional, muitas vezes são realizadas atividades desnecessárias de intervenções de manutenção, gerando muitos desperdícios para a empresa.

Em qualquer instalação industrial ou predial, sempre irá existir uma informação conhecida, por parte dos profissionais mais habilitados e com mais tempo de serviço, sobre quais ativos físicos são mais críticos. Entretanto, profissionais de diferentes setores, com diferentes experiências e pontos de vista, podem discordar da classificação da criticidade existente.

Por exemplo, se o resultado da classificação é proveniente de um profissional do time da manutenção, a resposta é provavelmente, do ativo físico que consome mais tempo e recursos da manutenção, ou que seja mais difícil de realizar os serviços, ou o ativo físico que a manutenção realiza intervenção com mais frequência. Se a questão for direcionada para o responsável pela operação da planta, a resposta pode ser diferente, ou seja, talvez seja o ativo físico que seja o gargalo no fluxo do processo, ou o ativo físico com a maior capacidade de produção.

As respostas provenientes dos departamentos de "**Segurança**", "**Saúde**" e "**Qualidade**" também serão diferentes e, portanto, esse tipo de abordagem individual apresenta uma grande variabilidade no resultado de classificação da criticidade de um ativo físico.

Desta maneira, a "intuição" de cada "experiência" não é suficiente para garantir uma decisão objetiva que esteja alinhada com a realidade, mostrando que a definição da criticidade é complexa e pode envolver muitas variáveis e setores distintos.

Com o principal objetivo de contribuir com a tarefa de uma classificação de criticidade, representando a melhor realidade da instalação, existe um método estruturado que apresenta um sistema de classificação nos termos da severidade da ocorrência de uma falha funcional, ou seja, quando o ativo físico em questão deixa de cumprir com sua funcionalidade operacional.

Baseado na criticidade do ativo físico, é possível definir a prioridade das ações de manutenção, com o objetivo de garantir que os sistemas produtivos ou prediais possam operar cada vez mais próximos a sua capacidade nominal, quanto possível.

A classificação da criticidade **ABC** dos ativos físicos possui como principal objetivo a segregação dos ativos físicos, quanto a sua importância na operação ou na estrutura predial, por meio de uma metodologia simples, prática e rápida de ser aplicada. O método conta com a participação de profissionais experientes, que conhecem os ativos físicos e os processos produtivos, e também todos os riscos inerentes às práticas operacionais e de manutenção, e que sejam treinados na metodologia.

O resultado da classificação **ABC** irá propiciar a definição da melhor estratégia da manutenção, na elaboração dos Planos de Manutenção Planejados, nas decisões de investimentos, e quanto aos materiais sobressalentes necessários às práticas diárias de campo.

Antes de apresentar os 7 (sete) parâmetros utilizados na classificação, algumas regras devem ser previamente estabelecidas. São elas:

a) **Regra Nº1:** Elaborar a árvore lógica dos ativos físicos até o **6º nível**, ou seja, até o nível de **subconjunto**.

b) **Regra Nº2:** Conhecer as funcionalidades dos ativos físicos, incluindo o entendimento das principais atribuições dos **subconjuntos**, com os parâmetros técnicos e operacionais quantitativos.

c) **Regra Nº3:** Entender, através da funcionalidade da árvore lógica, o desenho da instalação e as questões vinculadas às aplicações dos **subconjuntos** no local funcional.

d) **Regra Nº4:** Conhecer o regime de trabalho de cada ativo físico, ao nível do **subconjunto**, ou seja, o fator de utilização no atendimento operacional.

e) **Regra Nº5:** Conhecer os aspectos operacionais vinculados ao produto e entender a relação direta dos **subconjuntos** com a produtividade da instalação, bem como a interferência direta na qualidade do produto.

f) **Regra Nº6:** Utilizar um grupo de profissionais multidisciplinar para realizar a classificação funcional "ABC" dos ativos físicos, preferencialmente um representante da operação, da manutenção elétrica e mecânica, da segurança, do meio ambiente e da qualidade.

## O que se deve evitar durante a classificação da criticidade funcional ABC dos Ativos Físicos?

O primeiro ponto a se evitar é decidir pela classificação em função do histórico dos ativos físicos instalados. A questão da funcionalidade não possui nenhuma relação direta com o histórico apresentado pelos ativos físicos instalados e operando.

É importante evitar que a classificação tenha o efeito motivador diferente do principal propósito. É necessário manter o foco no cumprimento operacional, na estabilidade do processo produtivo, no melhor fator de produtividade, qualidade e confiabilidade. A classificação da criticidade funcional deve focar no impacto do ativo físico, no contexto operacional, e não deve levar em consideração outros aspectos, tais como, o custo, impacto direto no processo ou a consequência gerada no resultado.

## A Redução da Criticidade Funcional ABC

A classificação da criticidade funcional também gera uma grande oportunidade de alinhamento de conhecimento dos ativos físicos, com a realidade atual, para se poder buscar ações contínuas de controle e criar um processo contínuo de mitigação da criticidade definida.

A criticidade deve ser entendida como uma realidade fruto de um desenho proporcionado pela equipe de engenharia, mas em contrapartida, quando os Ativos são instalados, suas respostas aos estímulos do processo se apresentam de maneiras diversas, em função de tudo o que envolve os aspectos operacionais e de manutenção.

O processo de mitigação da criticidade, deve ser visto como uma oportunidade contínua e, em cada período de utilização da instalação, é importante a realização de estudos nos ativos físicos críticos "A", no sentido de proporcionar a identificação de opções para a mitigação, e a melhoria dos aspectos associados com os ativos físicos.

## Metodologia de Classificação

A classificação da criticidade funcional "**ABC**" é composta por **7 (sete)** parâmetros, que compõem esta metodologia desenvolvida pelo **JIPM** (*Japan Institute of Plant Maintenance* – 1995), tem seus critérios demonstrados a seguir:

i. **Saúde, Segurança e Meio Ambiente (SSMA)**
ii. **Qualidade do Produto/Processo**
iii. **Operação (Impacto/Ritmo/Produtividade)**
iv. **Utilização**
v. **Frequência de Falha (MTBF)**
vi. **Tempo de Reparo (MTTR)**
vii. **Potencial de Perdas**

Para o correto entendimento de cada parcela que compõe esta metodologia, está sendo apresentado abaixo um detalhamento de cada parâmetro:

### i. Saúde, Segurança e Meio Ambiente (SSMA):

Ativos físicos perigosos, tais como prensas, guilhotinas, painéis elétricos ou sistemas de alta pressão, os quais podem causar sérios danos à saúde do operador, ou também, os ativos físicos que podem impactar e causar sérios danos ao meio ambiente geralmente são trazidos à luz neste parâmetro. Aqui é avaliado se o ativo físico oferece grandes riscos na segurança, saúde e meio ambiente no caso da ocorrência de sua falha funcional.

**ii. Qualidade do Produto/Processo:**

Alguns ativos físicos realizam processos de alta precisão, e por exemplo, um pequeno desalinhamento pode resultar na perda da qualidade do produto manufaturado. Ou ainda, da utilidade fornecida que por uma falha funcional do ativo físico pode provocar uma qualidade inferior ao desejado do produto gerado pelo ativo (energia, ar-condicionado, fluido pressurizado, iluminação, resfriamento, etc.).

**iii. Operação (Impacto/Ritmo/Produtividade):**

As falhas funcionais que podem ocorrer nos ativos físicos "gargalos" de um sistema operacional, podem ocasionar um grande impacto na produtividade de entrega da funcionalidade. Desta maneira, este quesito é um importante parâmetro para a análise da criticidade funcional.

**iv. Utilização:**

Este fator é importante em função de apresentar e avaliar o grau de utilização do ativo físico analisado, em função da necessidade do processo em que o ativo está inserido.

**v. Frequência de Falha (MTBF):**

Entendendo a importância da estabilidade operacional, as intervenções não planejadas possuem um impacto direto no atendimento ao cumprimento da função e, portanto, esse é um fator decisivo na criticidade do ativo físico.

**vi. Tempo de Reparo (MTTR):**

Após a ocorrência de uma falha funcional, indesejada, em qualquer ativo físico, o tempo de restabelecimento das condições operacionais é decisivo para garantir o menor impacto no atendimento ao cumprimento funcional e, portanto, é um fator decisivo na criticidade dos ativos.

**vii. Potencial de Perdas:**

Todo evento de falha funcional não planejada, gera desperdícios no processo, impactando diretamente nos resultados operacionais. Este parâmetro avalia o grau de perdas envolvidas no processo, na ocorrência da falha funcional do ativo.

Para cada localização física na instalação industrial ou predial, o ativo físico instalado no momento da avaliação de sua criticidade é classificado, considerando os **7 (sete)** parâmetros mencionados, de acordo com um dos **3 (três)** níveis de criticidade:

- **"A": Funcionalidade altamente crítica**
- **"B": Funcionalidade moderadamente crítica**
- **"C": Funcionalidade de baixa criticidade no processo**

Entretanto, para que seja possível aplicar esta metodologia da classificação da criticidade funcional ABC, para os ativos físicos no nível dos subconjuntos, durante o Controle Inicial, em função de não se ter todas as informações necessárias, como por exemplo, histórico de MTBF, MTTR e Potencial de Perdas reais, a ferramenta de classificação pode ser aplicada em um formato reduzido, ou seja, ao invés dos 7 (sete) parâmetros apresentados, podem ser aplicados apenas os 4 (quatro) primeiros parâmetros, para que os ativos físicos possam ser classificados.

Após a definição da criticidade funcional ABC dos ativos físicos, já é possível **iniciar a trajetória para a definição da melhor estratégia de**

**manutenção** envolvendo quais os tipos de manutenção mais adequados para cada funcionalidade classificada. Para isso, o perfil de falhas esperado de cada ativo do projeto deve ser conhecido, afinal são elas que se deve evitar durante a operação dos equipamentos.

## 4.8 Definição das Falhas Potenciais e Funcionais

A correta aplicação da metodologia do Controle Inicial é dependente da identificação das possíveis falhas que os ativos físicos podem apresentar, levando em conta todas as condições de contorno as quais esses ativos são submetidos. Idealmente, o Controle Inicial busca a "Prevenção da Manutenção" dos ativos físicos por meio de "*Designs* Livres de Manutenção".

A manutenção sempre irá existir nos equipamentos, pois, mesmo no melhor dos casos, componentes sofrem desgastes, obsolescências, são afetados por variáveis do processo, etc. Contudo, quanto mais se souber sobre as falhas dos ativos físicos e seus modos, mais estratégica se torna a definição das estratégias de manutenção visando prevenir ao máximo que os ativos físicos sofram intervenções, principalmente não planejadas e/ou programadas.

Há dois tipos de falhas que devem ser estudadas nesta etapa:

- Falha Potencial
- Falha Funcional

A primeira é observada quando o ativo físico apresenta alguma variação na forma como opera, passando de seu **estado de operação** para o **estado de falha potencial**. Até este momento da vida do ativo, a sua função ainda é garantida na operação de alguma maneira e, por conta disso, muitas vezes esse novo estado pode não ser percebido. Entretanto, caso essa situação não seja tratada a tempo (por meio de práticas do PPCM), a falha pode evoluir e o ativo passa ao **estado de falha funcional**, onde sua função operacional não é mais garantida.

A relação entre os estados em que um ativo físico se encontra geralmente é bem sinalizada a partir de sua Curva PF, conforme a Figura 10.

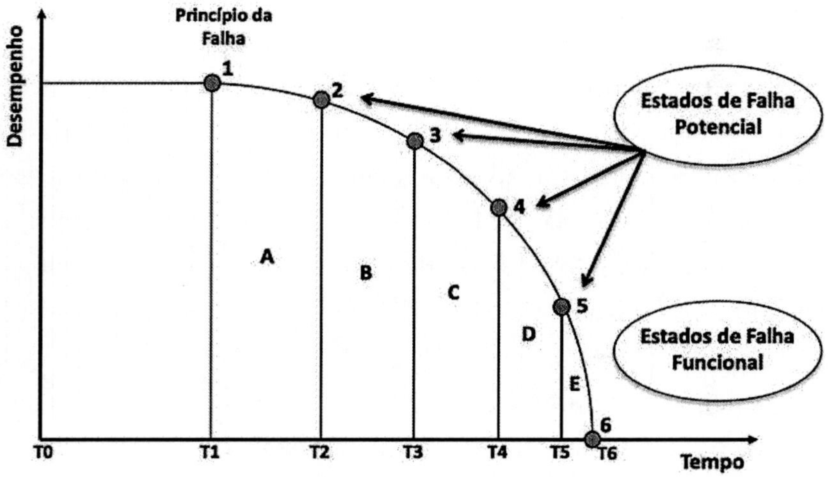


**Figura 13** - Curva PF teórica

Essa Curva PF mostra que o ativo físico apresenta queda no seu desempenho operacional ao longo do tempo. A depender do nível de entrega operacional do ativo (garantia da sua função), é possível identificar em qual **estado** ele se encontra.

Alguns ativos (na sua maioria eletroeletrônicos) não apresentam Curvas PF tão bem definidas como a apresentada, pois eles podem passar do **estado de operação** para **estado falha funcional** sem passar pelo **estado de falha potencial**. Nesses casos, a melhor estratégia é conhecer as vidas médias de seus componentes críticos, a fim de evitar a ocorrência de falhas.

## 4.9 Definição dos Modos de Falhas Potenciais

Um ativo físico pode entrar em um **estado de falha** de diversas formas ou modos. Em outras palavras, os diversos caminhos pelos quais um ativo físico pode mudar do **estado de operação** para um **estado de falha** são chamados de Modos de Falhas.

Na etapa de Controle Inicial, caso esses "caminhos" sejam conhecidos, mapeados e estudados, há a possibilidade de identificar quais seriam as ações das equipes de operação e manutenção que possa evitar a existência do modo de falha. Portanto, apenas conhecer as falhas em si, ou melhor, os estados de falha que o ativo pode assumir não é estratégico para as equipes de engenharia, operação e manutenção.

O objeto principal de estudo dessas equipes devem ser as maneiras pelas quais o ativo pode migrar entre seu **estado de operação** para os diversos **estados de falha**. Pois, caso os modos de falha sejam identificados, e estratégias sejam elaboradas para sua mitigação e eliminação, então a engenharia entrega seu melhor valor para o projeto segundo os princípios do Controle Inicial.

## 4.10 Definição das Estratégias de Manutenção

Os tipos de manutenção possuem características distintas quanto a aplicação pois, para determinada estratégia de manutenção, é possível aplicar um tipo específico na qual representa aquilo que as equipes técnicas especializadas estão realizando durante as suas atividades em campo.

Desta maneira, a determinação do tipo de manutenção para cada serviço a ser realizado é uma grande responsabilidade pois, é necessário que os serviços sejam muito bem representados e possam contribuir com a melhor geração de valor para a empresa, através das práticas de manutenção.

No universo dos serviços de manutenção existem os seguintes tipos a serem classificados:

- Manutenção Corretiva não Planejada (CNP)
    - Também denominada "**Corretiva**", "**Emergencial**" ou "**Reativa**".
    - É a atividade de manutenção, não planejada, que ocorre após a ocorrência da Falha Funcional.
    - Esta modalidade de manutenção é geralmente aplicada para os ativos físicos classificados com a criticidade **"C".**

- Manutenção Corretiva Planejada (CPL)
    - É a atividade de manutenção planejada, que ocorre após a ocorrência da Falha Funcional.
    - Este tipo de manutenção é possível, sempre que se tenha uma alternativa para o cumprimento funcional.
    - Em algumas situações também denominada "***Urgente***".
    - Esta modalidade de manutenção é geralmente aplicada para os ativos físicos classificados com a criticidade "**A**", **"B"** ou **"C".**

- Manutenção Preventiva Baseada no Tempo (TBM)
    - Também denominada somente "***Preventiva***".
    - É a atividade de manutenção definida para ser realizada com base no tempo de utilização do ativo físico, ou seja, quem determina

  a atividade de manutenção é o tempo de uso.
  - Esta modalidade de manutenção é geralmente aplicada para os ativos físicos classificados com a criticidade "**A**" ou **"B".**

- Manutenção Preventiva Baseada na Condição (CBM)
  - Também denominada somente "***Preditiva***", mas não é a atividade real de monitoramento preditivo, e sim, é a atividade realizada após o diagnóstico periódico realizado em campo.
  - É a atividade de manutenção definida para ser realizada com base na condição do ativo físico, ou seja, quem determina a atividade de manutenção é a real condição que o ativo físico se encontra operando no cumprimento da funcionalidade do processo, na qual está instalado.
  - Esta modalidade de manutenção é geralmente aplicada para os ativos físicos classificados com a criticidade **"A"** ou **"B".**

- Manutenção Preditiva Sensitiva – Rotas de Inspeção (MPS)
  - Tem por finalidade identificar a condição operacional dos ativos físicos através da realização de rotas sensitivas, ou seja, utilizando os 4 (quatro) sentidos (visão, audição, olfato e tato) dos colaboradores.
  - É uma atividade de diagnóstico.
  - O principal objetivo é a identificação da Falha Potencial.

- Manutenção Preditiva Monitorada (MPM)
  - Tem por finalidade identificar a condição operacional dos ativos físicos através da realização de medições suportadas por parâmetros técnicos quantitativos, tais como, temperatura, vibração, ruído.
  - É uma atividade de diagnóstico.

  - O principal objetivo é a identificação da Falha Potencial.

- Manutenção Prescritiva (MPT)
  - Também denominada de manutenção na era da indústria 4.0, através da introdução da "*Inteligência Artificial*".
  - É a manutenção determinada pelos ativos físicos.

- Manutenção de Apoio (MAP)
  - Este tipo de manutenção é representado por atividades que não fazem parte da rotina das oficinas especializadas, e suportam as melhorias nos ativos físicos.
  - Também fazem parte deste grupo de atividades de manutenção, as reformas e modificações necessárias nas instalações, quando há o envolvimento direto das equipes de manutenção.

## 4.11 Elaboração dos Planos de Manutenção

A partir do conhecimento das estratégias de manutenção adotadas, para cada ativo físico do projeto, do levantamento de seus modos de falhas, seus componentes críticos e elaboração da árvore lógica dos locais de instalação, é possível iniciar a elaboração dos planos de manutenção.

Um bom plano de manutenção deve contemplar os recursos necessários para sua execução, como por exemplo:

- EPIs e EPCs;
- Documentação de segurança (PTs e APRs);
- Documentação técnica de suporte à execução;
- Materiais que serão substituídos ou aplicados;
- Ferramentas;
- Equipe (HH);

Além dos recursos, o plano de manutenção deve possuir uma lista de tarefas estruturada de acordo com o que precisa ser fisicamente realizado no ativo, ou seja, a descrição das atividades e do passo a passo do plano necessita de uma estruturação lógica que, ao ser aplicada no campo, permita observar o resultado proposto, por exemplo:

- No caso de um plano preventivo sistemático de troca de componente, este deve ter como resultado a troca efetiva, com segurança e confiabilidade deste componente.
- Para um plano de lubrificação, este deve resultar em uma lubrificação bem feita com o lubrificante e quantidade correta de aplicação.

## 4.12 Recebimento dos Ativos Físicos conforme escopo

Em paralelo às demandas por ativos da informação, os ativos físicos dimensionados no projeto devem ser recebidos pela contratante do projeto, conforme melhores práticas logísticas.

O momento da chegada dos ativos físicos no *site*, onde serão posteriormente instalados, já deve fazer parte da etapa de instalação do projeto, pois só é possível garantir que os equipamentos do projeto sejam corretamente posicionados em seus locais funcionais, com a possibilidade de cumprir sua função, se foram enviados/ recebidos de acordo com o projeto.

É possível que, em alguns projetos, as etapas subsequentes deste fluxo sejam aplicadas para sistemas e conjuntos da instalação que necessitam ser instalados antes do recebimento de outros sistemas e subconjuntos. Por isso, a estratégia de recebimento dos ativos físicos deve respeitar o cronograma de execução, levando em conta todas as interferências físicas e logísticas observadas.

## 4.13 Entrega dos Ativos Físicos e Informacionais conforme contratação

Para cada fase de recebimento e instalação dos ativos físicos do projeto, os seus pares de ativos informacionais também devem ser entregues. Esta etapa caracteriza um grande desafio para muitas equipes, pois à medida que o projeto chega mais perto de sua entrega, as cobranças para que os equipamentos sejam instalados, testados e postos em operação aumentam. Nesse sentido, um esforço maior tende a ser direcionado às entregas físicas dos ativos, deixando de lado o importante trabalho documental (base fundamental para a gestão do novo projeto durante a fase de OPEX).

Em linhas gerais, a importância imediata da entrega dos ativos físicos deve ser equilibrada com importância relativa da entrega dos ativos informacionais que, por mais que não entreguem seu valor imediatamente, necessitam ser recebidos para entregar valor no futuro.

## 6.5. Etapa da Instalação e do Comissionamento (Posta em Marcha)

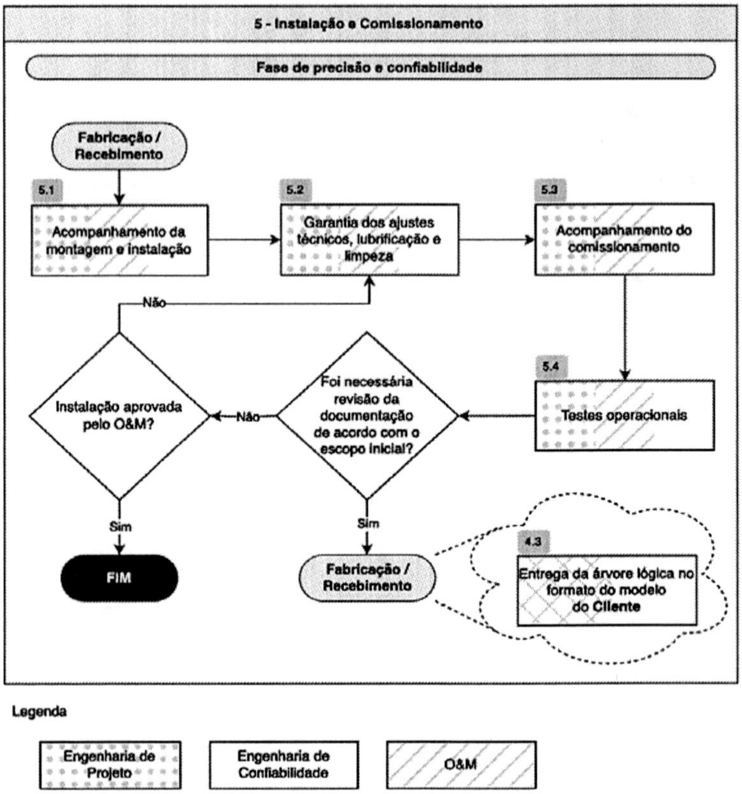


**Figura 14** - Etapa da Instalação e do Comissionamento

## 5.1 Acompanhamento da montagem e instalação

Passadas todas as etapas de recebimento dos ativos físicos do projeto, se iniciam as montagens e instalações. As equipes de Engenharia de Projetos, Engenharia de Confiabilidade e O&M atuam junto aos fornecedores no sentido de garantir que tudo o que foi dimensionado tecnicamente seja posto em seu devido lugar funcional (ou local de instalação).

## 5.2 Garantia dos ajustes técnicos, lubrificação e limpeza

Uma vez que os ativos estiverem fisicamente instalados no *site*, alguns ajustes técnicos finais devem ser conduzidos com a finalidade de garantir o *startup* com qualidade.

Para cada ativo físico podem existir tolerâncias técnicas de montagem que devem ser observadas como, por exemplo:

1. Folga;
2. Balanceamento;
3. Aquecimento;
4. Correntes elétricas;
5. Alinhamento;
6. Apertos.

Além disso, os pontos de lubrificação (cujo mapeamento prévio deve ter sido realizado), são um ponto de atenção extremamente importante nesta fase de implantação do projeto. Para cada um, deve ser definido o tipo de lubrificante, as quantidades a serem aplicadas, o método de aplicação e a periodicidade de aplicação ou verificação da necessidade de aplicação. Se esse cuidado for tomado desde o início do projeto, e mantido durante a operação dos ativos físicos, então modos de falhas relacionados à lubrificação dos equipamentos naturalmente tendem a não existir.

No caso dos serviços técnicos de montagem e instalação gerarem resíduos e sujidades nas áreas de trabalho e/ou nos equipamentos, esses devem ser tratados proativamente. Antes de liberar os ativos físicos para as etapas na sequência, deve haver a limpeza do local de trabalho de acordo com os padrões esperados de operação do novo projeto.

Praticando esta etapa, a empresa contribui para a garantia da melhor condição de entrega funcional de todos os tipos de ativos relacionados ao projeto, principalmente o ativo intangível que representa a imagem do departamento responsável pelo projeto.

## 5.3 Acompanhamento do comissionamento

Na etapa de comissionamento do projeto são feitos os testes de todos os sistemas e seus ativos físicos, de forma a identificar se as condições operacionais projetadas são atendidas de acordo com as tolerâncias definidas.

O comissionamento é conhecido também como a fase de "precisão" do projeto, pois é neste momento que os ajustes finos são realizados, no sentido de efetuar adaptações técnicas necessárias para os ativos físicos entregarem suas funções conforme prometido.

Os grupos de pessoas responsáveis pelo comissionamento são as equipes de engenharia dos fornecedores e do cliente, compreendendo profissionais que podem responder sobre a aderência do projeto às normas técnicas vigentes e ao memorial descritivo que deu origem ao projeto.

O comissionamento do projeto é entregue, a partir da geração de laudos técnicos assinados que comprovem a operacionalização dos ativos físicos e os sistemas onde estão inseridos.

## 5.4 Testes operacionais

Quando a etapa de comissionamento é concluída, os ativos físicos ainda podem não estar prontos para operar imediatamente, pois algumas condições de contorno, que são vistas apenas no contexto operacional, podem não ter sido validadas.

Nesse sentido, as equipes de engenharia ainda têm um trabalho a fazer: realizar os testes operacionais com carga e simulando cenários reais de operação.

Durante os testes operacionais, pode ser possível observar comportamentos dos equipamentos que, durante o comissionamento, não puderam ser detectados. Para identificar pontos de atenção ligados à operação, as equipes respectivas, que serão responsáveis por aqueles equipamentos do projeto, devem fazer parte desta etapa.

# 7. Engenharia de Confiabilidade

*"A concretização de uma ideia proposta no contexto de ser viabilizada, é o melhor caminho para que a concepção seja trabalhada com todas as alternativas possíveis" (José Wagner Braidotti Junior)*

**Questão**

*É possível garantir a Confiabilidade dos ativos críticos "A" e "B", sem que nenhuma falha funcional ocorra pelo período determinado de utilização destes ativos?*

A Confiabilidade de um ativo físico está diretamente relacionada com a possibilidade de ocorrência de um evento não planejado/programado, evento este caracterizado como uma «falha funcional».

A falha funcional afeta diretamente a confiabilidade do ativo. Evitar a ocorrência da falha funcional significa garantir a confiabilidade do ativo.

Somente nos casos em que os estudos de confiabilidade determinam que é mais viável economicamente manter os ativos operando até atingirem o estado de falha funcional, é que a falha, apesar de gerar um impacto direto no processo produtivo, não é considerada crítica, pois outros aspectos relacionados com o processo também são considerados na aplicação deste estudo, os quais estão sendo apresentados abaixo.

Portanto, pode-se considerar uma boa estratégia de manutenção o exposto acima, sem comprometer os aspectos de:

- Segurança do trabalho;
- Segurança do processo;
- Saúde dos colaboradores;
- Impacto direto ao meio ambiente.

# 8. Régua de Avaliação de Maturidade para o Controle Inicial (AMCI)

Baseado nos Conceitos da Gestão de Ativos

*"O desenvolvimento contínuo de novos negócios é fundamental para que a empresa possa continuar a atender as demandas do mercado consumidor"*

*(Felipe Ramos Braidotti)*

O objetivo da aplicação desta régua de avaliação de maturidade, é avaliar a situação atual do Controle Inicial na empresa, considerando todas as práticas realizadas que puderem ser conhecidas e analisadas, no atendimento aos 21 (vinte e um) requisitos apresentados na sequência. A avaliação é específica para as questões que integram todos os departamentos da empresa, que participam direta ou indiretamente do fluxo do Controle Inicial.

Sua finalidade é fornecer um completo diagnóstico baseado nas informações atuais compartilhadas pelos participantes, e uma lista de recomendações (oportunidades de melhorias) para a cobertura dos desvios identificados. Além disso, irá propiciar a comparação da evolução do Controle Inicial na empresa (a partir da primeira avaliação), quando comparada com as avaliações anteriores.

## 8.1. Metodologia de Avaliação de Maturidade para o Controle Inicial (AMCI)

Esta metodologia está estruturada, baseada em 5 (cinco) Pilares que compõem os 21 (vinte e um) requisitos, os quais são apresentados a seguir:

- **Pilar 1: Contexto da Organização**
- **Pilar 2: Liderança**
- **Pilar 3: Planejamento**
- **Pilar 4: Apoio**
- **Pilar 5: Avaliação de Desempenho**

**Os 21 (vinte e um) requisitos que compõem a Metodologia de Avaliação de Maturidade são:**

**Pilar 1: Contexto da Organização**
O contexto da organização é um momento extremamente importante para o estabelecimento de um processo de Controle Inicial, pois o mesmo precede da análise da demanda de uma empresa, ou seja, processo em que se verifica se a demanda planejada está aderente à capacidade atual da organização.

Adicionalmente, o contexto da organização está relacionado ao conhecimento da cultura organizacional, do planejamento estratégico da organização, assim como do nível de engajamento das partes interessadas. Os 4 (quatro) requisitos pertencentes a este pilar são:

- Requisito 1: A Organização e o seu Contexto
- Requisito 2: Necessidades e Expectativas das Partes Interessadas
- Requisito 3: Escopo do Projeto de Controle Inicial
- Requisito 4: Fases do Controle Inicial

**Pilar 2: Liderança**

A liderança é a chave do sucesso para a implementação e condução das Fases do Controle Inicial. Um líder deve ser percebido pela sua respectiva equipe por meio dos exemplos que tal profissional promove à mesma. O seu poder de influência será o divisor de águas para o êxito no processo de implantação.

Os 3 (três) requisitos pertencentes a este pilar são:

- Requisito 5: Liderança e Comprometimento
- Requisito 6: Política
- Requisito 7: Papéis, Responsabilidades e Autoridades

**Pilar 3: Planejamento**

O planejamento estratégico do Controle Inicial deve estar integrado aos objetivos organizacionais e interagir com os objetivos das fases que compõem a estratégia do Controle Inicial.

Trata-se de um conjunto de decisões as quais devem ser previamente analisadas, contando com uma base sólida de informações.

Os requisitos pertencentes a este pilar são:

- Requisito 8: Ações para Risco e Oportunidades para o Sistema de Controle Inicial.
- Requisito 9: Objetivos do Controle Inicial.

- Requisito 10: Planejamento para os Objetivos do Controle Inicial.

**Pilar 4: Apoio**

Todas as atividades que têm por característica suportar as fases do Controle Inicial devem ser entendidas como inerentes ao requisito de apoio. A área de infraestrutura que normalmente é convencionada nas organizações de médio a grande porte, pode ser um exemplo de área de apoio.

Os requisitos pertencentes a este pilar são:

- Requisito 11: Recursos
- Requisito 12: Competências
- Requisito 13: Conscientização
- Requisito 14: Comunicação
- Requisito 15: Requisitos da Informação
- Requisito 16: Informação Documentada / Geral
- Requisito 17: Informação Documentada / Criação e Atualização
- Requisito 18: Informação Documentada / Controle

**Pilar 5: Avaliação de Desempenho**

A avaliação de desempenho das Fases do Controle Inicial tem como propósito suportar as tomadas de decisões, para verificar a eficácia do resultado.

O processo de tomada de decisão subsidia diretamente as decisões durante a fase do Capex.

A tomada de decisão em investimentos de capital está associada a um dado escopo e afeta o ciclo de vida dos ativos físicos. Por esta razão, está atrelada ao momento em que se deve substituir um ativo, levando em conta o reflexo do Capex e das atividades cotidianas em seus custos operacionais. Para esta demanda, o estudo de LCC pode ser recomendado, assim pode ser decidido se a substituição do ativo físico é viável do ponto de vista econômico.

Já o nível de confiabilidade de um ativo encontra-se subsidiado por técnicas de confiabilidade, tais como: RCM (*Reliability Centered Maintenance*), FMEA (*Failure Mode and Effects Analysis*), LDA (*Life Data Analysis*) e FMECA (*Failure Mode Effects and Criticity Analysis*).

Adicionalmente, tal dimensão está alinhada aos objetivos do Controle Inicial e a análise da demanda, bem como requer o balizamento dos custos, riscos e desempenho.

Os requisitos pertencentes a este pilar são:

- Requisito 19: Monitoramento, Medição, Análise e Avaliação.
- Requisito 20: Auditoria Interna.
- Requisito 21: Análise Crítica pela Alta Direção.

# 9. Os Entregáveis do Controle Inicial

*"O conhecimento da quantidade de recursos a serem aplicados em um projeto é fundamental para viabilizar o negócio"*

*(José Wagner Braidotti Junior)*

Para que a melhor estratégia do cumprimento do Controle Inicial se torne uma realidade na empresa, é necessária a evidência das práticas alinhadas com a documentação entregue momentos antes da partida de uma nova instalação, ou um novo equipamento.

Esta fase é fundamental para que o ativo da informação possa agregar seu melhor valor de contribuição, para todos os colaboradores que em algum momento da operação ou da manutenção dos novos ativos físicos, tenham a necessidade de entender melhor todas as recomendações de operação e manutenção da nova instalação.

Por representar, dentro dos padrões da Gestão de Ativos, a parcela do Ativo Informacional, esta fase é decisiva para contribuir com a segurança operacional, com a segurança do trabalho, e com a mitigação de qual-

quer possível impacto ambiental.
Esta é uma etapa vital que deve representar muito bem o momento que a nova instalação já se encontra pronta para cumprir as demandas operacionais determinadas nos parâmetros que foram utilizados como dados do projeto.

A documentação entregue, que será detalhada nos principais pontos a seguir, deve retratar a realidade do que foi instalado e comissionado, pois nem sempre o que é entregue para a Operação e para a Manutenção é aquilo que fez parte da fase de Projeto da Engenharia, em função de várias oportunidades e estratégias comerciais aplicadas pelo Setor de Suprimentos, na oportunidade de garantir, e muitas vezes viabilizar, as compras técnicas no atendimento às necessidades do que o time da Engenharia determinou no Projeto.

O time de Suprimentos deve estar integrado no fluxo da estratégia do novo Projeto, para poder priorizar não somente o menor preço para cada item a ser adquirido, mas sim o melhor custo, na garantia da geração do melhor valor de resultado para o processo em que os itens a serem adquiridos irão desempenhar as suas funções.

## 9.1. Desenhos

Na fase do FEL 3, durante o processo da Engenharia Básica, são elaborados todos os desenhos que representam a nova instalação, no sentido de apoiar as decisões do Setor de Engenharia de Projetos e no momento seguinte da aquisição dos ativos físicos por parte do Setor de Suprimentos.

Mas, durante a fase de aquisição, e principalmente durante a etapa da instalação, na qual a realidade se torna presente em todos os locais de instalação, algumas modificações e ajustes necessários são realizados, no sentido de viabilizar a melhor condição para que os ativos físicos possam cumprir a função para a qual foram escolhidos durante a fase do projeto.

Desta maneira, durante a fase de aquisição, cuidados devem ser tomados para garantir que aquilo que foi determinado pela Engenharia de Projeto, quanto a especificação e qualidade técnica dos ativos físicos, seja seguido com segurança e confiabilidade no momento das aquisições junto aos fabricantes e fornecedores externos. Isto é necessário devido a grande oportunidade que o Setor de Suprimentos possui quanto a uma enorme variedade de fornecedores alternativos para todos os tipos de ativos físicos, oferecidos pelas empresas fabricantes.

## 9.2. Manual de Operação e Manutenção

Sendo considerado o melhor meio de consulta das informações técnicas e operacionais dos ativos físicos, os manuais devem oferecer, de uma forma atualizada e padronizada, todas as informações com qualidade e que representam corretamente, e em detalhes, as instalações que foram entregues na fase de projeto.

Em virtude da grande oportunidade que existe, durante a etapa de instalação e comissionamento, através da necessidade do local de instalação, a ocorrência de algumas modificações e ajustes daquilo que foi projetado pela Engenharia de Projetos, nem sempre os novos ativos físicos que foram determinados na fase do projeto, nas suas posições originais, serão entregues para a operação e manutenção, portanto, quando o comissionamento estiver em curso, todas as informações da nova instalação devem ser revisadas nos detalhes, no sentido de proporcionar uma revisão do conteúdo técnico do manual de operação e manutenção. Isto irá proporcionar uma fonte de consulta segura após a "posta em marcha" da nova instalação.

Entendendo que a maior demanda da melhor prática do Controle Inicial está baseada na quantidade e na qualidade das informações recebidas de uma nova instalação, todas estas informações deverão estar atualizadas no Manual de Operação e Manutenção.

## 9.3. Listas Técnicas dos Materiais Sobressalentes

Sendo um dos principais objetivos da Manutenção a realização das atividades em campo seguindo os melhores padrões de segurança, qualidade, confiabilidade, custo ótimo e produtividade, todos os recursos necessários para serem aplicados durante as atividades de campo devem estar disponíveis na quantidade, na qualidade e principalmente no tempo certo.

Para isso, a informação antecipada sobre quais materiais estão vinculados a cada tipo de Ativo Físico instalado, e serão necessários para cada tipo de atividade determinada, é fundamental que esteja registrada e seja fornecida juntamente com a Ordem de Serviço, no sentido de contribuir diretamente com a preparação dos serviços planejados por parte das equipes de manutenção.

Entendendo a importância da realidade apresentada acima, é possível defender que já na fase do projeto de uma nova instalação, a equipe da Engenharia de Projetos, quando da definição dos Ativos Físicos que serão parte integrante, e que serão instalados e comissionados para o atendimento aos objetivos da empresa, deve requisitar junto aos fabricantes, a relação dos materiais sobressalentes críticos, passíveis de desgaste pelo tempo de utilização, representado pela vida útil.

Com o recebimento desta valiosa informação junto aos fabricantes, é possível formar as Listas Técnicas para cada Ativo Físico crítico, conforme o exemplo da Figura 12.

| DESCRIÇÃO DO CONJUNTO (Nível 5) | CÓDIGO DO SUB-CONJUNTO (Nível 6) | CÓDIGO DO MATERIAL (Nível 7) | DESCRIÇÃO DO MATERIAL (Nível 7) |
|---|---|---|---|
| Conjunto de Bombeamento 04 | 01-CII-SMOBO-DESLP-BB04-BB001 | 976355 | Rotor da Bomba Centrífuga 001 |
| Conjunto de Bombeamento 04 | 01-CII-SMOBO-DESLP-BB04-BB001 | 976351 | Tubo de 4" de Aço Carbono, Schedule 40 |
| Conjunto de Bombeamento 04 | 01-CII-SMOBO-DESLP-BB04-MT001 | 976352 | Rolamento Rígido de Esferas 6205ZZ |

**Figura 15** - Exemplo de Lista Técnica

## 9.4. Modos de Falhas

Em sua definição, como já visto anteriormente, Modos de Falhas são "as maneiras pelas quais um ativo físico pode falhar". Nesse sentido, conhecer os Modos de Falhas dos equipamentos, significa entender seus estados indesejados de operação, e caso sejam conhecidos os meios de bloqueio desses Modos de Falhas, então há, consequentemente, um grande potencial de se evitar as falhas. A seguir, a Figura 13 exemplifica a relação de Modos de Falha para uma Bomba Centrífuga.

| Família | Funções Primária e Secundária | Falha Potencial (FP) Falha Funcional (FF) | Modo de Falha (MF) | Causa da Falha (CF) |
|---|---|---|---|---|
| Bomba Centrífuga | Transporte de fluido de um ponto ao outro na vazão correta. Não proporcionar vazamento ao meio ambiente | Vazamento interno na carcaça | Cavitação da carcaça | Ponto de operação desajustado |
| Bomba Centrífuga | Transporte de fluido de um ponto ao outro na vazão correta. Não proporcionar vazamento ao meio ambiente | Vazamento interno na carcaça | Corrosão interna | Composição química do fluido incompatível com revestimento interno da carcaça |
| Bomba Centrífuga | Transporte de fluido de um ponto ao outro na vazão correta. Não proporcionar vazamento ao meio ambiente | Vazamento na vedação | Contato folgado entre as superfícies | Ajuste realizado incorretamente durante a montagem |
| Bomba Centrífuga | Transporte de fluido de um ponto ao outro na vazão correta. Não proporcionar vazamento ao meio ambiente | Vazamento na vedação | Contato sólido entre as superfícies | Ajuste realizado incorretamente durante a montagem |
| Bomba Centrífuga | Transporte de fluido de um ponto ao outro na vazão correta. Não proporcionar vazamento ao meio ambiente | Vazamento externo na carcaça | Corrosão externa | Excesso de umidade ou atmosfera agressiva no ambiente de operação |
| Bomba Centrífuga | Transporte de fluido de um ponto ao outro na vazão correta. Não proporcionar vazamento ao meio ambiente | Vazamento externo na carcaça | Carcaça danificada mecanicamente | Choques externos por movimentação indevida do equipamento |

**Figura 16** - Exemplo de Modos de Falhas

## 9.5. Planos de Manutenção

A execução dos planos de manutenção representa a real entrega de valor das equipes de manutenção, pois, a partir de sua aplicação, se espera evitar a falha funcional do ativo físico alvo.

Para que essa seja uma realidade derivada do correto cumprimento do Controle Inicial, os planos de manutenção devem contar essencialmente com:

- A relação de recursos a serem utilizados e aplicados pelas equipes.
- A aderência às estratégias de manutenção.
- As condições de contorno as quais os ativos estarão submetidos.
- As disciplinas especialistas que farão parte da execução.
- Detalhamento das atividades específicas por subconjunto.

Em sua definição, um plano de manutenção é um documento formal, desenvolvido de acordo com padrões institucionais em vigor, utilizado pelas equipes de manutenção como um roteiro de atividades que, ao serem aplicadas, possuem a estrita finalidade de manter os ativos físicos em níveis operacionais aceitáveis, segundo tolerâncias de processo, evitando cenários da falha funcional. A Figura 14 apresenta um exemplo de plano de manutenção.

**PLANO DE MANUTENÇÃO SISTEMÁTICA PERIÓDICO - INSPEÇÃO SENSITIVA**

| EQUIPAMENTO: REDUTOR DE VELOCIDADE COMUM | PRIORIDADE DO SERVIÇO DE CAMPO: 6 | | CRITICIDADE | A | MENSAL |
|---|---|---|---|---|---|
| | | | | B | TRIMESTRAL |
| | | | | C | SEMESTRAL |
| ESPECIALIDADE: MECÂNICA | PROFISSIONAL / ESPECIALIDADE | QTD | TEMPO TOTAL C/ PREPAROS (MIN) | TEMPO TOTAL EXECUÇÃO (MIN) | BRAIDOTTI |
| | MECÂNICO | 1 | 27 | 10 | |
| | TOTAL | 1 | 27 | 10 | |

**CÓDIGO DO PLANO: RED.VEL.(COM)-INSP-MEC-MENS**

| ITEM | ROTEIRO | OPERAÇÃO | CHECK-LIST | PROFISSIONAIS MEC. | | | | TOTAL |
|---|---|---|---|---|---|---|---|---|
| 0 | RECOMENDAÇÕES INICIAIS: | | | MEC. | | | | TOTAL |
| 1 | Procedimento de segurança: | | | | | | | |
| 1.1 | "OBSERVAR" a área onde o equipamento está instalado, "PLANEJAR" as atividades antecipadamente e "AGIR" de forma segura (OPA). | | | 5 | | | | 5 |
| 1.2 | Seguir procedimentos estabelecidos, preencher a "Permissão de Trabalho" (PT) e Análise Preliminar de Riscos (APR) antes de iniciar as atividades. NOTA: Serviços Especiais (altura, frio, quente, içamento, elétrica, espaço confinado, demolição), caso seja necessário. | | | | | | | |
| 1.3 | Conhecer e seguir as Regras de Ouro. | | | | | | | |
| 1.4 | Coordenar o início de execução das atividades com a operação, para alinhamento entre as partes para evitar maiores transtornos e ou acidentes entre as equipes. | | | | | | | |
| 1.5 | Verificar e garantir o uso dos EPI's necessários para a atividade. (Capacete c/Jugular, Óculos de Segurança, Abafador de Ruídos, Luvas e Botas de Segurança, Cinto de Segurança), caso seja necessário. | | | | | | | |
| 1.6 | Em caso de dúvidas, não execute a atividade e consulte o seu supervisor imediato. | | | | | | | |
| | TOTAL | | | 5 | 0 | 0 | 0 | 5 |
| 2 | Procedimentos de Qualidade: | | | MEC. | | | | TOTAL |
| 2.1 | Garantir que as ferramentas de uso estejam limpas/higienizadas e em boas condições de uso. | | | 1 | | | | 1 |
| 2.2 | Garantir que as atividades não tragam riscos de contaminação ao produto ou a segurança do equipamento processado no equipamento da intervenção e nos demais. | | | | | | | |
| | TOTAL | | | 1 | 0 | 0 | 0 | 1 |
| 3 | RECURSOS NECESSÁRIOS (PREPARAÇÃO) FERRAMENTAS/DOCUMENTAÇÃO/EQUIPAMENTOS E MATERIAIS DE APOIO: | | | MEC. | | | | TOTAL |
| 3.1 | FERRAMENTAS: Trena metálica, espátula, pirômetro, chave inglesa e outras à serem utilizadas. | | | 5 | | | | 5 |
| 3.2 | DOCUMENTAÇÃO: Desenhos, Catálogos, Instruções de Trabalho, Ordem de Serviço, Check List de Ferramentas, Equipamentos e EPI's. | | | | | | | |
| 3.3 | MATERIAL DE APOIO: Prancheta, papel para anotações, trapos ou panos industriais e verificar também se a necessidade de outros tipos de materiais à serem utilizados. | | | | | | | |
| 3.4 | DESLOCAMENTOS IDA/VOLTA EQTO: Deslocamentos da oficina de apoio até o equipamento e vice-versa. | | | | | | | |
| | TOTAL | | | 5 | 0 | 0 | 0 | 5 |
| 4 | OBSERVAÇÕES GERAIS: | | | MEC. | | | | TOTAL |
| 4.1 | Antes de iniciar a tarefa inspecionar visualmente o local, observando materiais indevidos e condições de trabalho. | | | 1 | | | | 1 |
| | TOTAL | | | 1 | 0 | 0 | 0 | 1 |
| | LEGENDA: ———>>>> OK-EXECUTADO E NORMAL; NOK- EXECUTADO E ANORMAL; NE- NÃO EXECUTADO; NA- NÃO SE APLICA; | | | | | | | |
| 5 | ATIVIDADES PLANO DE MANUTENÇÃO | OPERAÇÃO | CHECK-LIST | MEC. | | | | TOTAL |
| 10 | SEGUIR CONFORME PROCEDIMENTO / INSTRUÇÃO DE TRABALHO INTERNO | OPERANDO | ( )OK-( )NOK-( )NE-( )NA | 10 | | | | 10 |
| 20 | INSPECIONAR A EXISTÊNCIA DE TAGUEAMENTO NO EQUIPAMENTO | OPERANDO | ( )OK-( )NOK-( )NE-( )NA | | | | | |
| 30 | INSPECIONAR SE O EQUIPAMENTO ENCONTRA-SE LIMPO | OPERANDO | ( )OK-( )NOK-( )NE-( )NA | | | | | |
| 40 | INSPECIONAR A PRESENÇA DE RUÍDOS ANORMAIS | OPERANDO | ( )OK-( )NOK-( )NE-( )NA | | | | | |
| 50 | INSPECIONAR A PRESENÇA DE SINAIS DE VIBRAÇÃO EXCESSIVA | OPERANDO | ( )OK-( )NOK-( )NE-( )NA | | | | | |
| 60 | INSPECIONAR O NÍVEL DE ÓLEO LUBRIFICANTE | OPERANDO | ( )OK-( )NOK-( )NE-( )NA | | | | | |
| 70 | INSPECIONAR A TEMPERATURA SUPERFICIAL | OPERANDO | ( )OK-( )NOK-( )NE-( )NA | | | | | |
| 80 | INSPECIONAR OS PARAFUSOS DE FIXAÇÃO (BASE, CARCAÇA E TAMPAS) | OPERANDO | ( )OK-( )NOK-( )NE-( )NA | | | | | |
| 90 | INSPECIONAR A EXISTÊNCIA DE FILTRO DE AR (SUSPIRO) | OPERANDO | ( )OK-( )NOK-( )NE-( )NA | | | | | |
| 100 | INSPECIONAR A EXISTÊNCIA DE VAZAMENTO DE LUBRIFICANTE | OPERANDO | ( )OK-( )NOK-( )NE-( )NA | | | | | |
| 110 | INSPECIONAR AS PROTEÇÕES ROTATIVAS DO ACOPLAMENTO (FIXAÇÃO E FALTA) | OPERANDO | ( )OK-( )NOK-( )NE-( )NA | | | | | |
| 120 | INSPECIONAR A EXISTÊNCIA DE CORROSÃO | OPERANDO | ( )OK-( )NOK-( )NE-( )NA | | | | | |
| 130 | INSPECIONAR SE O EQUIPAMENTO ESTA PINTADO | OPERANDO | ( )OK-( )NOK-( )NE-( )NA | | | | | |
| 140 | CONDIÇÕES GERAIS | OPERANDO | ( )OK-( )NOK-( )NE-( )NA | | | | | |
| | TOTAL | | | 10 | 0 | 0 | 0 | 10 |
| 6 | RECOMENDAÇÕES FINAIS: | | | MEC. | | | | TOTAL |
| 6.1 | Procedimentos de entrega do equipamento para operação: | | | 5 | | | | 5 |
| 6.2 | Dar baixa nos documentos de segurança a "Permissão de Trabalho" (PT) e Análise Preliminar de Riscos (APR). | | | | | | | |
| 6.3 | Registrar na Ordem de Serviço com a maior qualidade as informações do serviço realizado. | | | | | | | |
| | TOTAL | | | 5 | 0 | 0 | 0 | 5 |

**Figura 17** - Exemplo de Plano de Manutenção

## 9.6. Catálogos dos Padrões do Sistema

Como uma maneira de garantir um padrão de linguagem codificada entre os colaboradores da empresa, na oportunidade de melhorar a qualidade e confiabilidade da comunicação diária, é necessária a criação de catálogos específicos que contribuam com a classificação dos diversos tipos de serviços demandados para a manutenção regularmente.

Além do padrão de linguagem, os catálogos facilitam os registros dos serviços a serem planejados e programados para as equipes especialistas da manutenção.

Seguem abaixo alguns exemplos de catálogos que podem ser utilizados no cenário da manutenção:

**i. Tipos de Fluxos de Manutenção:**

- Manutenção Baseada na Falha Funcional (MBFF)
- Manutenção Preventiva Baseada no Tempo (MPBT)
- Manutenção Preventiva Baseada na Condição (MPBC)

**ii. Tipos de Notificações:**

- N1: Corretiva não Planejada
- N2: Corretiva Planejada
- N3: Preventiva Condicional
- N4: Melhorias

**iii. Tipos de Ordens de Serviço:**

- OS1: Corretiva não Planejada
- OS2: Corretiva Planejada
- OS3: Preventiva Baseada no Tempo
- OS4: Preventiva Baseada na Condição
- OS5: Preditiva Sensitiva – Rotas de Inspeção
- OS6: Preditiva Monitorada
- OS7: Prescritiva
- OS8: Apoio (Melhorias)

**iv. Tipos de Prioridades:**

- P1: Emergência (0 dias)
- P2: Urgente (2 dias)
- P3: Alta (7 dias)
- P4: Média (15 dias)
- P5: Baixa (30 dias)
- P6: Sistemática (>30 dias)

## 9.7. Classificação da Criticidade Funcional ABC

Entendendo a importância do conhecimento antecipado da Criticidade Funcional ABC, é possível criar uma demanda informacional já na fase do projeto de uma nova instalação junto à equipe da Engenharia de Projetos, a qual deve requisitar junto aos fabricantes a relação dos Ativos Físicos definidos no projeto, já com a classificação da Criticidade Funcional ABC (conforme exemplo da Figura 15), representando cada local de instalação definido.

| Descrição do Ativo | SSMA | QUALIDADE | OPERAÇÃO | UTILIZAÇÃO | MTBF | MTTR | PERDAS | A/B/C |
|---|---|---|---|---|---|---|---|---|
| BOMBA DE CIRCULAÇÃO DE ÁGUA | 2 | 2 | 3 | 4 | 2 | 3 | 3 | A |
| VÁLVULA DE RECALQUE 01 | 2 | 2 | 3 | 3 | 2 | 3 | 1 | C |
| VÁLVULA DE RECALQUE 02 | 2 | 1 | 3 | 3 | 2 | 2 | 1 | C |
| REDUTOR SUPERIOR DO TANQUE | 3 | 1 | 3 | 1 | 2 | 2 | 1 | B |
| REDUTOR INFERIOR DO TANQUE | 3 | 1 | 1 | 2 | 2 | 2 | 1 | B |
| MOTOR DA BOMBA PRINCIPAL | 4 | 1 | 1 | 2 | 2 | 2 | 1 | A |
| MOTOR DA ESTEIRA PRINCIPAL | 4 | 3 | 2 | 2 | 2 | 2 | 1 | A |
| BOMBA DE RECIRCULAÇÃO | 2 | 2 | 3 | 4 | 2 | 2 | 1 | C |
| VENTILADOR SECUNDÁRIO | 2 | 2 | 3 | 3 | 2 | 2 | 1 | C |

**Figura 18** - Exemplo de Classificação de Criticidade Funcional ABC

Com o recebimento desta valiosa informação junto aos fabricantes, é possível determinar as estratégias de Manutenção, e criar os planos de Manutenção bem qualificados para a garantia do melhor desempenho da contribuição das práticas de Manutenção, na geração de valor para a empresa.

## 9.8. Classificação da Criticidade XYZ dos Materiais

Entendendo a importância do conhecimento antecipado da Criticidade XYZ dos Materiais, é possível criar uma demanda informacional já na fase do projeto de uma nova instalação junto a equipe da Engenharia de Projetos, a qual deve requisitar junto aos fabricantes, a relação dos principais materiais sobressalentes que compõem os principais Ativos Físicos que foram determinados para o novo projeto. A Figura 16 apresenta um exemplo da Classificação XYZ dos materiais sobressalentes.

| MATERIAL | ORIGEM | LT | PF | LT vs PF | com SIMILAR | MATERIAIS | INSUMOS | PREVISIBILIDADE | RETOMADA | QUALIDADE | VOLUME | SEMA | RESULTADO | X/Y/Z |
|---|---|---|---|---|---|---|---|---|---|---|---|---|---|---|
| MANCAL MONOB TENS 50,0MM T 210 FRM | Nacional | 30 | 30 | 5 | Sim | Não | Não se aplica | Sim | > 4h | Sim | Não | Não | 17 | Y |
| ROLAMENTO RIG ESF 6312-2Z SKF | Importado | 15 | 16 | 1 | Não | Sim | Não | Não | < 30 min | Sim | Sim | Não | 25 | Z |
| ROLAMENTO AUT RL 22312-EK SKF | Importado | 30 | 60 | 1 | Sim | Não | Não se aplica | Não | > 30 min <= 1h | Não | Não | Não | 15 | Y |
| ROLAMENTO RIG ESF 6008-2Z SKF | Importado | 30 | 60 | 1 | Sim | Não | Não se aplica | Sim | > 30 min <= 2h | Sim | Não | Não | 13 | X |
| MANCAL FLANG 15,0MM FL 204 FRM | Importado | 5 | 180 | 1 | Não | Sim | Não | Não | < 30 min | Sim | Sim | Não | 24 | Z |
| ROLAMENTO RIG ESF 6303-2Z SKF | Importado | 5 | 45 | 1 | Sim | Não | Sim | Sim | > 3h <= 4h | Não | Não | Não | 12 | X |
| BUCHA FIXAÇÃO H 210 SKF | Importado | 30 | 180 | 1 | Sim | Não | Não se aplica | Sim | > 30 min <= 3h | Sim | Não | Não | 23 | Z |
| ROLAMENTO RIG ESF 6207-2Z SKF | Importado | 5 | 45 | 1 | Não | Sim | Sim | Sim | > 3h <= 4h | Sim | Sim | Não | 22 | Z |
| ROLAMENTO ESF CTT ANG 7206-B SKF | Importado | 30 | 60 | 1 | Sim | Não | Não se aplica | Não | > 3h <= 4h | Não | Não | Não | 13 | X |
| ROLAMENTO RIG ESF 62209-2RS1 SKF | Importado | 30 | 60 | 1 | Sim | Não | Não | Sim | > 3h <= 4h | Sim | Não | Não | 14 | Y |
| ROLAMENTO RIG ESF 6017-2Z SKF | Importado | 5 | 45 | 1 | Não | Sim | Não se aplica | Sim | > 3h <= 4h | Sim | Sim | Não | 19 | Y |
| ROLAMENTO RL CON 30208 J2 SKF | Importado | 30 | 60 | 1 | Sim | Não | Não se aplica | Não | > 3h <= 4h | Não | Não | Não | 11 | X |
| MANCAL FLANG/RED 35,0MM FL 207 FRM | Importado | 5 | 180 | 1 | Sim | Não | Não se aplica | Sim | < 30 min | Sim | Não | Não | 15 | X |
| BUCHA FIXAÇÃO H 306 SKF | Importado | 30 | 180 | 1 | Não | Sim | Não se aplica | Sim | > 3h <= 4h | Sim | Sim | Não | 19 | Y |
| BUCHA FIXAÇÃO H 2311 SKF | Importado | 30 | 180 | 1 | Sim | Sim | Sim | Não | > 4h | Sim | Não | Não | 24 | Z |
| MANCAL FLANG/QDO 25,0MM F 205 FRM | Importado | 5 | 180 | 1 | Sim | Não | Não se aplica | Não | < 30 min | Sim | Não | Não | 17 | Y |
| MANCAL FLANG/QDO 60,0MM F 212 FRM | Importado | 5 | 180 | 1 | Não | Sim | Não | Não | > 30 min <= 2h | Sim | Sim | Não | 24 | Z |

**Figura 19** - Exemplo de Classificação XYZ dos Materiais Sobressalentes

Com o recebimento desta valiosa informação junto aos fabricantes, é possível determinar a melhor estratégia vinculada diretamente ao estoque dos materiais, garantindo que os mesmos estejam disponíveis quando da necessidade de acordo com um serviço planejado.

# 10. Aplicação Real do Controle Inicial

**Case:**

Controle Inicial para Novos Projetos de Engenharia Relacionados a Máquinas e Equipamentos Industriais

A Japan Tobacco International, com sede na cidade de Santa Cruz do Sul – RS, conta com um departamento de Engenharia de Projetos, responsável pela aquisição, substituição, e reforma de equipamentos que integram o processo produtivo. Antes da aplicação dos conceitos do Controle Inicial, o repasse das informações entre a Engenharia de Projetos e a Manutenção era feito por meio do manual de operação e manutenção (arquivo em formato PDF compartilhado internamente na empresa). Esse tipo de documento, apesar de completo, dificultava a percepção da manutenção, principalmente, sobre como realizar o cadastro dos ativos do projeto, uma vez que a codificação e nomenclatura de desenhos, equipamentos e peças diferiam dos padrões utilizados internamente pela empresa. A demanda de implantar um processo de Controle Inicial (e não apenas um projeto pontual) se deu em função do desenvolvimento do departamento de manutenção por meio do projeto BMT (*Brazil Maintenance Transformation*) suportado pelas práticas do WCM.

Segundo o WCM, o Controle Inicial busca prover os melhores padrões documentados para todo novo projeto de engenharia relacionado à aquisição, modificação ou melhoria de máquinas e equipamentos integrantes de um processo industrial. Sendo assim, foi definido que o Controle Inicial promoveria a "passagem do bastão" do projeto entre equipe de Engenharia de Projetos e as equipes de Operação e Manutenção, priorizando a entrega de todos os documentos referentes às máquinas e equipamentos comissionados atualizados, a fim de garantir a máxima confiabilidade dos ativos no início de sua operacionalização.

Um projeto piloto foi realizado na companhia e os ganhos foram quase imediatamente percebidos. A melhor prática observada foi o envolvimento dos fornecedores como *stakeholders*-chave no desenvolvimento do projeto. Essa prática fez com que as informações fossem fornecidas em padrões em que realmente seriam utilizadas no sistema e no dia a dia da empresa. O Gerente de Projeto (GP), e a equipe de O&M, estiveram presentes em todas as etapas, reforçando a importância dos padrões de entregáveis que deveriam ser enviados pelos fornecedores.

## Depoimento da Gestão

> "Em 2019 iniciamos o projeto BMT (*Brazil Maintenance Transformation*) na empresa JTI Processadora de Tabacos, trabalho realizado em conjunto com os autores, tendo como objetivo principal alinhar os processos de manutenção da empresa, as melhores de práticas de manutenção de acordo com conceitos de manutenção de classe mundial (WCM).
>
> Como parte do projeto, no pilar de engenharia de confiabilidade implementou- se o conceito de controle inicial para novos projetos envolvendo máquinas e equipamentos industriais, esse trabalho

foi realizado em conjunto com as áreas de Engenharia de projetos, PCM, e Manutenção, contando também com a participação ativa do fabricante dos equipamentos O&M.

Ao final dessa implementação, os principais benefícios evidenciados foram: a obtenção de informações sobre os novos ativos de forma padronizada, contribuindo para uma passagem de bastão da fase de projeto para operação e manutenção de forma estruturada e com alto valor de informações, gerando conhecimento e empoderamento ao time de manutenção para atuar com foco na disponibilidade e confiabilidade dos novos ativos."

Claudio A. Halmenschlager

Gerente de Manutenção na empresa Japan Tobacco
International, com mais de 15 anos de experiência no mercado.
Docente do curso de Administração de empresas
da Faculdade Dom Alberto (Faveni).
Formado em Administração de Empresas,
com MBA em Gestão Empresarial.

# Conclusão

*"A aplicação do Controle Inicial, na fase de projeto, deve ser seguida de práticas de excelência de Gestão de Mudança durante a fase de operação do ativo físico"*

*(Felipe Ramos Braidotti)*

A maior motivação para escrever sobre este tema tão necessário atualmente é que não se tem a certeza de que o fluxo do processo do "*Controle Inicial*" esteja sendo cumprido da melhor maneira possível nas empresas, respeitando todas as suas etapas interdependentes, na melhor oportunidade de garantir a participação efetiva dos colaboradores especialistas da manutenção, em todas as fases que compõem um novo projeto. Se entende que, com a aplicação das práticas apresentadas em cada capítulo deste livro, as empresas consigam administrar melhor os orçamentos disponibilizados para a Fase Capex, como também durante o período de utilização dos ativos físicos na Fase Opex.

A maior responsabilidade, quando é realizada a entrega de um novo projeto com os ativos físicos instalados e comissionados, é da área de Operação e Manutenção (O&M), que tem como principal objetivo entregar o resultado operacional conforme viabilizado na fase de projeto.

E, para que esta responsabilidade seja cumprida na sua plenitude, todas as informações referentes ao novo projeto devem estar disponibilizadas para consulta plena das equipes de O&M.

Independente do segmento ou tamanho da empresa, ou da magnitude do novo projeto em questão, todas as premissas, orientações, estratégias e os fluxos devem ser seguidos conforme o conteúdo apresentado neste livro.

Em relação ao conteúdo exposto até este momento, foi apresentado o fluxo do processo do "*Controle Inicial*", e todas as informações que compõe os entregáveis necessários como parte integrante do resultado pleno da Fase Capex, contribuindo decisivamente para a Fase Opex.

Concluindo, a finalização desta obra traz como contribuição a orientação de 4 (quatro) legados que deverão estar sempre juntos em qualquer etapa de um novo empreendimento, em que seja possível aplicar os conceitos do "*Controle Inicial*", são eles: "*Disciplina*", "*Respeito*", "*Resiliência*" e "*Liderança*".

# Epílogo

**"Fundamentos do Controle Inicial -**
**Projetando para a Mantenabilidade"**

O livro *"Fundamentos do Controle Inicial"* aborda a importância de uma abordagem estratégica ao longo de todo o ciclo de vida dos ativos. Com mais de 20 anos de experiência em manutenção, compreendo profundamente a importância de envolver equipes multidisciplinares, especialmente a equipe de manutenção, desde o início dos projetos. Esse envolvimento não apenas facilita a geração de valor para a empresa, mas também assegura que todos os aspectos críticos dos ativos sejam cuidadosamente considerados e otimizados. Sempre procurei usar a metodologia para quaisquer projetos, pois entendo que baseado em um método os resultados são constantes. Quando tive a oportunidade de conhecer os métodos que o **Eng.º José Wagner Braidotti Jr**. profissional de referência no mercado, conhecedor profundo da manutenção e gestão de ativos, não tive mais dúvidas que as melhores práticas do mercado aliada ao conhecimento poderiam trazer estabilidade aos ativos. Por esse motivo quando se quer uma manutenção constante, redução e tendência a zero quebras, entendo que a abordagem do livro posso trazer uma bagagem e um diferencial aos profissionais da área.

**Por todo o ciclo de vida dos ativos**, é crucial que a manutenção participe ativamente desde a fase de concepção até a desativação dos ativos. Essa abordagem integrada permite uma visão completa e contínua sobre a mantenabilidade, a confiabilidade e a eficiência operacional dos ativos, garantindo que cada etapa contribua para a maximização da vida útil e do desempenho dos equipamentos.

A **geração de valor para a empresa** é um dos principais benefícios do Controle Inicial. Ao considerar a manutenção desde a fase Capex (fase de capital de um projeto), a empresa pode tomar decisões informadas que afetam positivamente o custo total de propriedade e a rentabilidade a longo prazo. Essa prática assegura que os ativos sejam projetados e implementados com foco na eficiência e na eficácia operacional.

A **redução dos custos operacionais e de manutenção** é outro aspecto fundamental abordado no livro. Através do Controle Inicial, é possível identificar e mitigar problemas potenciais antes que eles se manifestem, resultando em uma operação mais suave e menos dispendiosa. A manutenção preventiva e preditiva, planejada desde o início, contribui significativamente para a redução dos custos de reparos inesperados e paradas não programadas.

Uma das contribuições mais importantes do livro é a ênfase na **contribuição efetiva na fase Capex**. Nesta fase, que envolve o planejamento e a execução dos investimentos em capital, as decisões tomadas têm um impacto duradouro no ciclo de vida dos ativos. A participação da equipe de manutenção durante a fase Capex é crucial para garantir que os ativos sejam projetados e construídos para serem facilmente mantidos e operados.

Durante a fase Capex, a colaboração entre as equipes de engenharia e manutenção pode influenciar positivamente diversos aspectos do projeto. Por exemplo, a seleção de materiais e tecnologias pode ser orientada para facilitar futuras atividades de manutenção e reduzir a necessidade de intervenções complexas. Além disso, o layout das instalações pode ser projetado para garantir acessibilidade e segurança para as equipes de manutenção, minimizando os riscos e os custos associados a operações de manutenção futuras.

A fase Capex também oferece a oportunidade de incorporar tecnologias avançadas de monitoramento e controle desde o início. Isso permite a implementação de sistemas de manutenção preditiva, que utilizam dados em tempo real para prever falhas e otimizar as intervenções de manutenção. Esses sistemas podem reduzir significativamente os custos operacionais e de manutenção ao longo do ciclo de vida dos ativos.

A experiência prática e a dedicação do Eng.º José Wagner Braidotti Jr., um especialista renomado no setor, são claramente refletidas no livro. Sua paixão pela manutenção e gestão de ativos, combinada com sua capacidade de compartilhar conhecimentos e melhores práticas, faz deste livro uma leitura essencial para todos os profissionais da área.

"*Fundamentos do Controle Inicial*" não apenas esclarece os princípios essenciais do Controle Inicial, mas também demonstra como sua aplicação pode resultar em uma contribuição efetiva durante a fase Capex, assegurando custos controlados e ativos confiáveis. A contribuição do Eng.º José Wagner Braidotti Jr. é inestimável, elevando o nível de competência e prática dos profissionais dedicados à manutenção.

Reger da Rosa Souza

Diretor Industrial e Supply Chain na Polo Films, com mais de 20 anos de experiência na área de Gestão Estratégica, Técnica e de Pessoas e Times de Alta Performance, Formado em Engenharia Mecânica e de Produção.

# Referências Bibliográficas

*"Liderança é desenvolver os outros com a sua presença, e garantir que este processo de desenvolvimento perpetue na sua ausência"*
*(José Wagner Braidotti Junior)*


BALM, Gerald J. – Benchmarking – Um Guia Prático para o Profissional tornar-se – e continuar sendo – o Melhor dos Melhores – Qualitymark Editora – 1995

BRAIDOTTI, José Wagner – A Falha não é uma Opção – Editora Ciência Moderna – 2013

BRAIDOTTI, José Wagner – A Governança na Manutenção na Obtenção de Resultados Sustentáveis – Editora Ciência Moderna – 2016

BRAIDOTTI, José Wagner; BRAIDOTTI Felipe Ramos; SARTORI, Daniel; LARA, José Carlos; LIMA, Gabriel Costa; CHAVES, Fábio – Entendendo a Gestão de Ativos (ISO-55001) na Prática – Editora Ciência Moderna – 2020

BRAIDOTTI Felipe Ramos; BRAIDOTTI, José Wagner – A Anatomia do PPCM (Planejamento, Programação e Controle de Manutenção) – Editora Ciência Moderna – 2021

CONNELLAN, Tom – Nos Bastidores da Disney – Os Segredos do Sucesso da Mais Poderosa Empresa de Diversões do Mundo – Editora Futura – 2007

DALEY, Daniel T. - Failure Mapping – A New and Powerful Tool for Improving Reliability and Maintenance – International Press Inc. – 2009

DEMING, W. Edwards – A Nova Economia para a Indústria, o Governo e a Educação – Qualitymark Editora – 1997

DISNEY Institute – O Jeito Disney de Encantar os Clientes – Do Atendimento Excepcional ao Nunca Parar de Crescer e Acreditar – Editora Saraiva - 2011

LEDET, Winston P. – Don't Just Fix It, Improve It! – Reliabilityweb.com – 2009

LEVITT, Joel – Lean Maintenance – International Press Inc. – 2008

LIKER, Jeffrey K. – O Modelo Toyota (A empresa que criou a produção enxuta) – 14 Princípios de Gestão do Maior Fabricante do Mundo – Editora Bookman – 2006

MATHER, Daryl – The Maintenance Scorecard – Creating Strategic Advantage – Industrial Press Inc. – 2005

MAY, Matthew E. – Toyota – A Fórmula da Inovação – Editora Campus – 2007

MITCHELL, John S. – Physical Asset Management Handbook – Clarion Technical Publishers - 2007

MOUBRAY, John – Reliability Centred Maintenance – Butterworth Heinemann – 1997

NAKAJIMA, Seiichi – Introduction to TPM (Total Productive Maintenance) – Productivity Press - 1998

NYMAN, Don – LEVITT, Joel – Maintenance Planning, Scheduling & Coordination – Industrial Press Inc. – 2001

PALMER, Richard – Maintenance Planning and Scheduling Handbook – McGraw-Hill Handbooks – 2006

SUZUKI, Tokutaro – TPM in Process Industries – Productivity Press Inc. – 1994

TAKAHASHI, Yoshikazu – OSADA, Takashi – Manutenção Produtiva Total – IMAM – 1993

WIREMAN, Terry – Developing Performance Indicators for Managing Maintenance – Industrial Press Inc. – 2005

WIREMAN, Terry – Benchmarking – Best Practices in Maintenance Management – Industrial Press Inc. – 2004

YASUDA, Yuzo – 40 Years, 20 Million Ideas – The Toyota Suggestion System – Productivity Press Inc. – 1990

# Índice Remissivo

# ANOTAÇÕES

Impressão e acabamento
Gráfica da Editora Ciência Moderna Ltda.
Tel: (21) 2201-6662